Inhalt

Einleitung

In Kindergruppen und Schulklassen ist oftmals zu beobachten, dass sich nicht alle Kinder ohne Weiteres entspannen, auf sich selbst oder eine Sache einlassen können. Sie lassen sich viel leichter aus der Ruhe bringen, wirken häufig unkonzentriert und zappelig. Ihre Unruhe bleibt den übrigen Kindern meist nicht verborgen, die sich durch das Verhalten gestört fühlen können.

Vielen PädagogInnen ist es ein großes Anliegen, dass Kinder Ruhe als etwas Positives erleben und nicht mit erzwungenem Stillhalten verbinden. Dafür eignen sich kindgemäße Entspannungsmethoden, bei denen ein Gleichgewicht zwischen Ruhe und Bewegung hergestellt wird. Sie helfen Kindern, in ungewohnten Situationen die nötige Ruhe zu bewahren, Erlebtes leichter zu verarbeiten, sich besser auf eine Aufgabe einzulassen und bei Schwierigkeiten nicht gleich die Kontrolle zu verlieren.

Wesentliche Ziele von Spielen und anderen Angeboten zum Entspannen sind: Stille erleben und genießen, den eigenen Körper bewusst wahrnehmen, innere Ruhe finden, Achtsamkeit üben, Fantasie und Kreativität entwickeln, Selbstbewusstsein und Gemeinschaftsgefühl schulen und Konzentration und Lernbereitschaft fördern.

Der zeitliche Einsatz der Angebote ist flexibel: Selbst nach einer wilden Tobeaktion kann ein spontan eingesetztes Ruhespiel im Stuhlkreis dazu führen, dass die Kinder wieder zu Ruhe und Besinnung kommen.

Ruheerlebnisse sind sowohl draußen als auch in geschlossenen Räumen möglich. In der freien Natur einen Baum umarmen, die frische Luft einatmen und dabei dem Gesang der Vögel lauschen, sind einzigartige Erlebnisse, bei denen Kinder ohne großes Zutun Ruhe in sich selbst entdecken. Auch innerhalb der Einrichtung lässt sich mit einer Kerze oder Entspannungsmusik ohne großen Aufwand eine ruhige Atmosphäre schaffen, die die Kinder genießen können. All das wirkt sich positiv auf das Immunsystem, Spiel- und Sozialverhalten aus. Steht für die Angebote ein spezieller Snoezelen-Raum mit ausgesuchten Materialien für Wahrnehmung und Entspannung zur Verfügung – umso besser.

Unabhängig von Zeit und Ort muss stets ein Gleichgewicht zwischen Entspannung und Bewegung hergestellt werden, das die Kinder für ein gesundes Leben brauchen. Wer vor Bewegungsdrang fast platzt, wird sich nicht auf eine Fantasiereise einlassen können und das Ruhen auf der Matte als unangenehmen Zwang empfinden.

Grundsätzlich lassen sich Kinder im Vor- und Grundschulalter relativ schnell für Entspannungsübungen begeistern, wenn diese in ihren Augen alles andere als langweilig sind. Sie erlernen die Übungen i. d. R. viel schneller als Erwachsene, lassen sich jedoch auch viel leichter ablenken und brauchen mehr Anleitung von außen. Besonders wichtig ist es, sie stets spielerisch für die Angebote zu motivieren. Jüngere Kinder erleben Entspannung besonders gut durch Bewegung. Hierzu zählen einfache meditative Tänze und viele kurze Ruhe- und Wahrnehmungsspiele.

Der Übungserfolg hängt im besonderen Maße von dem Interesse, der Bereitschaft, der Ablenkbarkeit und nicht zuletzt der momentanen Stimmung des einzelnen Kindes ab. Sehr sinnvoll ist ein regelmäßiger Einsatz der Übungen, im Idealfall auch zu Hause: Eine Streichelmassage, die z. B. vor den Hausaufgaben durchgeführt wird, steigert die Lust auf Kommendes und trägt zu einem entspannten Lernen bei. Zudem kann eine Streichelmassage das abendliche Einschlafen erleichtern. Bei allem Wissen über den Nutzen von Entspannung stehen die Freude und der Genuss der Ruheerlebnissen stets im Vordergrund: Dies ist der Schlüssel für eine erfolgreiche Entspannung mit Kindern!

In diesem Sinne wünsche ich Ihnen und Ihren Kindergruppen viele entspannte Stunden!

Ihre

Andrea Erkert

Kinderleicht entspannen

Die meisten Kinder haben ein großes Bewegungsbedürfnis. Besonders jüngere Kinder können oft nicht lange ruhig auf einem Stuhl sitzen bleiben oder sich über einen längeren Zeitraum aufmerksam einer Sache zuwenden.

Trotz alledem brauchen Kinder ausreichende Ruhe- und Erholungszeiten, um neue Kraft zu tanken. Deshalb ist es sinnvoll, **Aktiv- und Ruhephasen im Wechsel** anzubieten. Werden Kinder ohne vorherige Bewegungsmöglichkeiten in eine Entspannungsübung gezwungen, sind sie schnell unruhig und unkonzentriert: Sie rutschen auf ihren Stühlen hin und her, lassen sich leicht ablenken und stören dabei andere. Ihre innere Bewegtheit spiegelt sich nach außen wieder und macht eindrucksvoll bewusst, dass sie sich unzureichend auf die Entspannung einlassen können.

Ein vorheriges Bewegungsspiel hilft innere Unruhe, Ärger, Frust und Aggressivität abzubauen, kann auf die nachfolgende Entspannung überleiten und die Vorfreude steigern, sodass die Kinder insgesamt gut auf die Entspannung eingestimmt werden. Manche Bewegungsspiele, die nicht zu wild sind, eignen sich insbesondere nach einer Entspannungsübung oder Fanta-

siereise, um die Muskeln wieder anzuspannen, sich zu recken und zu strecken und somit wieder körperlich in Aktion zu treten.

Grundsätzlich entspannen Kinder besonders gut, wenn sie Entspannung als etwas Selbstverständliches erleben. Deshalb sollten die Angebote spielerisch in den Alltag integriert werden und vor allem **langfristig angelegt** sein und nicht nur bei aktueller Unruhe eingesetzt werden. Auf diese Weise werden Kinder besonders viel von der Entspannung profitieren.

Bevor die Entspannungsspiele aus dem vorliegenden Buch zum Einsatz kommen, ist es sinnvoll, sich mit einigen Grundlagen und Besonderheiten zu beschäftigen.

Im Folgenden werden **kindgemäße Entspannungsmöglichkeiten** auf der Grundlage des Autogenen Trainings und Entspannungshaltungen erläutert. Danach folgen ein Überblick über die spielerischen Methoden und den Aufbau des Buches, Informationen zur Ausstattung eines Entspannungsraums, Wissenswertes über den Einsatz von Entspannungsmusik und abschließend hilfreiche Hinweise zur Rolle der Spielleitung.

Grundlagen des Autogenen Trainings

Das Autogene Training (»AT«) wurde in den 30er Jahren von dem Berliner Psychiater und schulenunabhängigen Psychotherapeuten Johannes Heinrich Schultz (1884–1970) entwickelt und zählt zu den bekanntesten Entspannungsmethoden.

Die Übungen des ATs haben Einfluss auf unser vegetatives (autonomes) Nervensystem, das aus drei Teilen besteht: dem Sympathikus, dem Parasympathikus und dem Darmnervensystem. Der Sympathikus wirkt anregend und ist eher tagsüber aktiv, vor allem, wenn es um Leistung geht. Der Parasympathikus wirkt beruhigend und ist somit für Erholung und Entspannung zuständig. Bei vielen EuropäerInnen dominiert der Sympathikus. Fehlen einem Menschen über einen längeren Zeitraum ausreichende Erholungsphasen, nimmt die Körperspannung deutlich zu und beeinträchtigt den gesamten Organismus.

Das AT ist ein Verfahren, das es dem Übenden ermöglicht, sich jederzeit und überall **durch gezielte Selbstsuggestion zu entspannen.** Das ist möglich, obwohl das vegetative Nervensystem unwillkürlich gesteuert wird. Eine Vorstellungsübung wie das bekannte Zitronenbeispiel macht dies deutlich: Allein die intensive Vorstellung, herzhaft in eine aufgeschnittene Zitrone zu beißen, reicht meist aus, um einen deutlich vermehrten Speichelfluss zu erzeugen. Der einfache Versuch zeigt, dass durch innere Bilder und Vorstellungen eine Einflussnahme auf die Tätigkeit des vegetativen Nervensystems möglich ist.

Das AT gehört zu den Entspannungsverfahren, die sich solche Vorstellungsbilder zunutze machen, um den eigenen Körper positiv zu beeinflussen. Es wird u.a. bei Unruhe, Aggressivität, Ängsten, Konzentrationsschwierigkeiten, Asthma sowie Schlafstörungen eingesetzt und dient nicht zuletzt der **Gesundheitsvorsorge**.

Die Grundübungen

Die Grundübungen des ATs werden zunächst einzeln im Liegen oder Sitzen (➜ S. 10 f.) erlernt und dann hintereinander durchgeführt und sollten regelmäßig angewandt werden. Jede Übung besteht aus einem kurzen, formelhaften Satz, z. B. »*Meine Arme sind warm.*«, der im Geist konzentriert mehrere Male wiederholt wird und dadurch Auswirkungen auf das Nervensystem hat. Dazu kommen bildhafte Vorstellungen, z. B. das Liegen in der warmen Sonne am Strand.

Zu den Grundübungen gehören:

~ die typische **Einstiegsformel** »*Ich bin ganz ruhig (und entspannt)*«. Sie wird im klassischen AT allen Übungen vorangestellt und dient zur Einstimmung.

~ die **Schwereübung,** z. B.: »*Meine Arme sind schwer.*«, »*Meine Arme und Beine sind schwer.*« oder »*Ich bin ganz schwer.*« Diese Übung bewirkt ein Schweregefühl eines bestimmten Körperteils oder später des ganzen Körpers. Ein Vorstellungsbild ist z. B., wie das Gewicht des Körpers auf die weiche Wiese drückt.

~ die **Wärmeübung,** z. B.: »*Meine Arme sind warm.*«, »*Meine Arme und Beine sind warm.*« oder »*Ich bin angenehm warm.*« Sie suggeriert, dass sich ein bestimmter Körperteil oder später der ganze Körper warm anfühlt. Eine gute Vorstellungshilfe ist das Liegen am Strand oder auf einer Wiese in der warmen Sonne.

~ die **Atemübung** mit der klassischen Formel *»Mein Atem geht ruhig und gleichmäßig.«* Die Übung vertieft die Entspannung. **Wichtig:** Der Atem darf hierbei keinesfalls beeinflusst werden! Die Atmung geschieht von selbst, wie ein Boot, das auf leichten Wellen auf- und abschaukelt.

Hinweis: Vor allem bei Übungs-AnfängerInnen können körperliche Empfindungen, z. B. Kribbeln, Spannungsgefühle oder Kälteempfindungen auftauchen, die teilweise durch das Umschalten in den Entspannungszustand geschehen. Sie verschwinden mit zunehmender Übung und sind nicht besorgniserregend. Vielmehr können sie als positive Zeichen der Veränderung auf dem Weg zur Entspannung betrachtet werden. Sind die Körperempfindungen sehr unangenehm, kann der entsprechende Körperteil etwas angespannt werden, z. B. durch Ballen der Hände, damit das Kribbeln wieder verschwindet.

Die aufgeführten Grundübungen sind **sehr gut für Kinder geeignet.** Die weiteren AT-Übungen, die sich auf die Bauchorgane *(»Der Bauch/Das Sonnengeflecht ist strömend warm.«),* das Herz *(»Das Herz schlägt ruhig und regelmä-* *ßig.«)* und die Stirn *(»Die Stirn ist angenehm kühl.«)* beziehen, werden hier bewusst ausgelassen, da sie für jüngere Kinder zu abstrakt sind.

AT & Fantasiereisen

Um mit Kindern Autogenes Training zu üben, hat es sich bewährt, die Grundübungen **mit Fantasiereisen zu kombinieren,** um ihnen einen **spielerischen Charakter** zu geben. Die Formeln werden den Geschichten angehängt oder in deren Verlauf integriert. Die bildhaften Darstellungen erhalten durch die Fantasiereisen viel Raum und wirken sich beruhigend auf Körper und Geist aus. Sie enthalten meist Naturbilder, die Ruhe ausstrahlen und dadurch zum Entspannen einladen. Im Gegensatz zu Entspannungsgeschichten, bei denen die Kinder kleine Abenteuer erleben und sich mit einem Helden identifizieren, ist das äußere Geschehen der Fantasiereisen in diesem Buch reduzierter, um die Konzentration auf innere Bilder zu ermöglichen, die den Entspannungsprozess begünstigen.

Die bei Fantasiereisen üblichen **Rituale für Beginn und Abschluss** sind hier besonders wichtig. Sie geben Halt und Orientierung und sorgen für Vertrauen und Sicherheit, wodurch sich die Kinder leichter auf den Entspannungsprozess einlassen.

Als immer gleiche **Einführung** in eine Fantasiereise kann z. B. folgender Reim gesprochen werden:

»Ganz entspannt und leise
beginnt nun uns're Reise.
Du schließt deine Augen zu
und genießt alles in Ruh'!«

Ist die Fantasiereise beendet, erfolgt die **Zurücknahme**. Die Spielleitung bittet die Kinder, mit ihrer Aufmerksamkeit langsam wieder in den Raum zurückzukehren und noch einen Moment in ihrer Position zu verweilen. Dann ballen sie beide Hände zu Fäusten, beugen die Unterarme zügig gegen die Oberarme und strecken sie wieder aus. Den Vorgang wiederholen sie mehrmals, ehe sie zwei- bis dreimal tief ein- und ausatmen und schließlich wieder ihre Augen öffnen.

Die Kinder stehen ganz langsam auf (aus der Rückenlage immer über die Seite), machen sich groß wie Riesen, ballen ihre Hände zu Fäusten und recken und strecken sie mit dem ganzen Körper nach oben zur Decke. Zum Schluss spricht die Spielleitung einen einfachen Reim mit inhaltlichem Bezug zur Fantasiereise, z. B.:

»Ich bin so munter und so frisch
wie ein kleiner Zauberfisch!«

Dadurch spüren die Kinder noch einmal, dass sie Kraft geschöpft haben und nun voller Tatendrang sind.

Wird eine Fantasiereise vor dem Einschlafen eingesetzt, entfällt die Zurücknahme!

Nach der Zurücknahme bietet die Spielleitung eine kurze **Gesprächsrunde** an, in der die Kinder nacheinander erzählen dürfen, wie es ihnen während der Fantasiereise ergangen ist, was sie empfunden haben oder was ihnen besonders gut gefallen hat. Hierfür eignet sich ein schöner Stein o. Ä., der im Kreis herumgegeben wird – nur wer den Stein in der Hand hat, darf erzählen, ohne unterbrochen zu werden. Zudem können die Kinder das Erlebte malen, kneten oder tonen – insbesondere für Kinder, die noch über unzureichende Deutschkenntnisse verfügen, ist dies eine hilfreiche Alternative.

Entspannungshaltungen

Sowohl für die Fantasiereisen mit integrierten AT-Formeln wie auch für viele andere Angebote zum Entspannen bieten sich verschiedene **Haltungen** an, **die das Entspannungsgefühl begünstigen.** Die beiden hier aufgeführten Positionen, die »Liegehaltung« und die »Königshaltung« (➜ S. 10 f.), können bereits Kinder im Vor- und Grundschulalter relativ schnell erlernen. (Die gelöste Sitzhaltung, in der Tradition des ATs »Droschkenkutscherhaltung« genannt, ist für die meisten Spiele und Angebote aus diesem Buch nicht geeignet, sodass sie hier nicht aufgeführt wird.)

Grundsätzlich sind **Entspannungshaltungen nicht zwingend.** Sie bieten Kindern jedoch eine Orientierungshilfe, wie sie sich besonders gut im Liegen oder Sitzen entspannen können. Deshalb sollte die Spielleitung den Kindern beide Haltungen vorstellen und mit ihnen üben, damit diese die Gelegenheit haben, eine für sie angenehme Haltung zu finden.

LIEGEHALTUNG

KÖNIGSHALTUNG

Die Liegehaltung

In der Liegehaltung lassen sich besonders gut Fantasiereisen und Streichelmassagen durchführen. Es kann günstig sein, den Kindern diese Haltung als erste beizubringen, da sie i.d.R. leicht erlernbar ist.

Material pro Kind: 1 Matte oder Decke; evtl. dicke Wollsocken, 1 Kopfkissen

Die Kinder liegen mit dem Rücken auf ihrer Gymnastikmatte oder Decke. Wer mag, zieht sich dicke Wollsocken an, damit die Füße im Liegen angenehm warm bleiben und die Kinder nicht frieren. Der Kopf kann auf einem Kissen ruhen, sollte aber nicht zu hoch liegen.

Die Kinder strecken ihre Beine so aus, dass sie sich nicht berühren. Die Fersen haben Bodenkontakt und die Fußspitzen fallen locker nach rechts und links zur Seite. Die Arme liegen leicht angewinkelt neben dem Oberkörper.

Die Augen sollten geschlossen sein – das erleichtert die Konzentration auf sich selbst. Allerdings muss jedes Kind stets selbst entscheiden, ob es die Augen schließen möchte oder nicht.

Hinweis: Diese Haltung können die Kinder bei allen Angeboten in diesem Buch einnehmen, bei denen sie in einer liegenden Haltung entspannen. Dazu gehören immer Matten oder Decken und je nach individuellem Bedarf Wollsocken und Kopfkissen.

Die Königshaltung

Die Königshaltung sollte unmittelbar nach der »Liegehaltung« eingeübt werden, da nicht immer alle Kinder im Raum genügend Platz haben, um sich entspannt hinzulegen. Sie eignet sich u. a. für bestimmte Ruhe- und und Wahrnehmungsspiele und zum Einüben von Entspannungsformeln, z. B. im Stuhlkreis.

Material pro Kind: 1 Stuhl; evtl. 1 Paar dicke Wollsocken

Die Kinder können ihre Schuhe ausziehen und dafür dicke Wollsocken anziehen. Sie tun so, als ob sie ein König oder eine Königin wären. Dementsprechend setzen sie sich würdevoll mit aufrechtem Kopf ganz gerade auf ihren Stuhl, ohne sich anzulehnen. Die Hände, die sich nicht berühren, ruhen auf den leicht gespreizten Oberschenkeln. Die Füße stehen auf dem Boden, sodass die ganze Fläche der Fußsohlen Bodenkontakt hat. Die Augen sind nach Möglichkeit geschlossen.

Methodik und Aufbau des Buches

Spielerische Methoden

Es gibt eine große Anzahl an Entspannungsmethoden, die sich bereits für jüngere Kinder eignen. In diesem Buch werden jedoch nur Angebote vorgestellt, die **keine speziellen therapeutischen Kenntnisse voraussetzen** und sich besonders gut in den pädagogischen Alltag integrieren lassen. Vieles bietet sich bereits **für Kinder ab dem 4. Lebensjahr** an und kann ohne viel Aufwand zum größten Teil mit der ganzen Kindergruppe oder Schulklasse durchgeführt werden.

Als **Einstieg** in die Entspannung **und für jüngere Kinder** eignen sich u. a. kurze **Streichelmassagen**. Dabei geht es nicht darum, dass die Kinder eine bestimmte Massagetechnik erlernen. Vielmehr sollen sie die sanften, beruhigenden Berührungen wie z. B. leichte Klopf- und Kreisbewegungen auf ihrem Rücken genießen, die ihnen helfen, den eigenen Körper besser wahrzunehmen, sich zu entspannen und Vertrauen zu gewinnen. In einer behaglichen Raumatmosphäre (➜ S. 14 f.) gelingt es Kindern besonders gut, sich gegenseitig zu massieren und die verbindende Wirkung zu spüren. Die behutsamen Massagebewegungen werden mit einer ruhigen, leisen Musik oder einem passenden Text in Reimform kombiniert. Die Spielleitung liest den Text mit ruhiger Stimme langsam vor oder spricht ihn frei und achtet darauf, dass die Kinder genügend Zeit für die Massagebewegungen haben.

Mit großer Begeisterung machen jüngere Kinder auch kurze Ruhe- oder Wahrnehmungsspiele, insbesondere im Kreis. Diese Spiele können innerhalb eines konkreten Themen-

zusammenhangs einer Entspannungsstunde stehen oder einzeln eingesetzt werden. Mithilfe der **Ruhespiele** richten die Kinder für wenige Minuten ihre Aufmerksamkeit und Konzentration auf ihren eigenen Körper. Im Liegen oder Sitzen (➜ S. 10 f.) lernen die Kinder sich besonders gut zu entspannen, den eigenen Körper bewusst wahrzunehmen, sich selbst anzunehmen und wertzuschätzen. Das wirkt sich positiv auf das Selbstvertrauen und Selbstbewusstsein der einzelnen Kinder aus. Bei den **Wahrnehmungsspielen** werden ganz bewusst ein bis zwei Sinne angesprochen. So gibt es z. B. Spiele zum aufmerksamen Hören, zum Beobachten, für Feinschmecker und Schnüffelnasen oder zum Tasten. Dabei schärfen die Kinder ihre Wahrnehmung und lernen, sich mit Ruhe und Konzentration ganz bewusst auf eine Sache einzulassen. Insgesamt sind die Ruhe- und Wahrnehmungsspiele eine gute Vorbereitung auf Entspannungsübungen verschiedenster Art, bei denen Kinder in der Lage sein müssen, ihre Achtsamkeit über einen etwas längeren Zeitraum zu fokussieren.

Für ältere Kinder bieten sich z. B. **Mandalas** als Entspannungshilfe an. Das Wort »Mandala« stammt aus dem indischen Sanskrit und bedeutet so viel wie »Kreis«. Mandalas werden z. B. im tibetischen Buddhismus als Meditationshilfe benutzt. Im Elementarbereich werden Mandalas in erster Line gemalt oder aus Kleinmaterialien gelegt.
Große Mandalas, die auf den Boden gelegt werden, eignen sich auch hervorragend als Mitte für einen **meditativen Tanz**. Bei dieser Entspannungsmethode ist es wichtig, auf einfache

und ruhige Schrittfolgen zu achten, wobei die Entspannungsmusik das Bewegungstempo vorgibt.

Eine einfache **Bild-Meditation** ist für Kinder eine gute Übung, ihre Konzentration zu fokussieren. Sie lassen das Bild auf sich wirken und beschäftigen sich innerlich damit. Die Spielleitung wählt hierfür Bilder aus, die Ruhe und Kraft ausstrahlen.

Bei einer **Musik-Bild-Meditation** erklingt die Entspannungsmusik leise im Hintergrund. Ein zum Bild passendes Musikstück bewirkt, dass sich beide Wahrnehmungsbereiche, Sehen und Hören, hervorragend ergänzen. Darüber hinaus eignet sich für meditationsunerfahrene Kinder auch besonders gut eine **Musik-Meditation,** bei der sie sich im Liegen oder entspannten Sitzen ganz der Musik hingeben und sich etwas Schönes vorstellen.

Ältere Kinder lassen sich sehr gern zu **Fantasiereisen** mit integrierten Entspannungsformeln einladen (➡ S. 8 f.), die z. B. mit einer ruhigen Musik untermalt werden können. Alle Fantasiereisen in diesem Buch sind mit dem Symbol 🪶 gekennzeichnet. Sie werden in Verbindung mit einem kurzen Ruhe- oder Wahrnehmungsspiel eingeleitet, können aber auch für sich allein stehen oder am Ende mit einem ruhigen Spiel abgeschlossen werden. Damit die Kinder sich gut ein inneres Bild von dem Gehörten machen können, darf der Text nicht zu schnell heruntergelesen bzw. erzählt werden. In den kurzen Sprechpausen zwischendurch, die mit dem Symbol ◎ gekennzeichnet sind, lassen die Kinder die Inhalte auf sich wirken, sprechen Entspannungsformeln innerlich nach und lassen innere Bilder entstehen.

Die Formeln aus dem AT sind in jeder Reise *kursiv* abgesetzt. Sie fördern ein vertieftes Ruhe- und Entspannungserlebnis, geben den Kindern eine Anregung für ihr Verhalten im Alltag und vermitteln Grundzüge des klassischen Autogenen Trainings (➡ S. 7 ff.).

Die Fantasiereisen sollten immer in Kleingruppen von max. zehn Kindern angeboten werden, um Unruhe zu vermeiden. Ist eine Teilung der Gruppe nicht möglich, eignen sich stattdessen z. B. im Stuhlkreis besonders gut kürzere Ruhe- und Wahrnehmungsspiele, aber auch Streichelmassagen.

Inhaltlicher Aufbau

Alle spielerischen Methoden sind sechs thematischen Kapiteln zugeordnet. Es können also an einem Tag oder innerhalb einer Woche mehrere Entspannungsspiele z. B. mit dem Schwerpunkt »Wald und Wiese« oder »Weltall« angeboten werden. Ebenso gut lassen sich aber auch Aktionen nach Belieben einzeln auswählen oder aus verschiedenen Kapiteln frei miteinander kombinieren. Jedes Kapitel enthält am Ende zwei längere Fantasiereisen zum jeweiligen Thema (➡ 🪶).

Im Kapitel »**Den Tag begrüßen und verabschieden**« gibt es zahlreiche Anregungen und Ideen, die bereits früh am Morgen zu einer entspannten Atmosphäre in der Gruppe beitragen oder den Zeitpunkt des Nach-Hause-Gehens ruhig gestalten helfen. Aus vielen Angeboten lassen sich Rituale entwickeln, die über einen längeren Zeitraum eingesetzt für einen ruhigen und klaren Beginn bzw. Abschied sorgen.

Das Kapitel »**Ruhe mit allen Sinnen erleben**« eignet sich schwerpunktmäßig für jüngere Kinder bzw. als Einstieg in Ruheerlebnisse. Einfache Bild-Meditationen, meditative Tänze sowie Mal- und Wahrnehmungsspiele sprechen ganz bewusst ein bis zwei Sinne an und fördern so die Konzentration auf einen bestimmten Aspekt. Dies ist vor allem für Kinder, die mit dem stillen Liegen z. B. bei Fantasiereisen oder Körperübungen zunächst überfordert sind, eine optimale Vorbereitung.

Im Kapitel **»Im Wald und auf der Wiese«** werden zahlreiche Spiele und andere Angebote zum Entspannen sowohl innerhalb der Einrichtung wie auch in der freien Natur vorgestellt. Sie machen die Kinder sensibel für das Unscheinbare, fördern die Achtsamkeit gegenüber der Natur und tragen zu innerer Ruhe und Ausgeglichenheit bei.

Zum Thema **»Im Wasser und am Ufer«** sind vielseitige Spiele und andere Angebote zum Entspannen rund um die Bereiche Teich, Bach, Fluss, See, Meer und Strand zu finden. Hier sind sowohl reale Ausflüge zum nahe gelegenen Teich möglich als auch gedankliche Spaziergänge am Meer. Musikinstrumente wie Regenstab und Ozean-Trommel laden zum intensiven Wahrnehmen, Träumen und Genießen ein.

Das Kapitel **»Wir schweben im Weltall«** beinhaltet jede Menge Spiele und andere Angebote zum Entspannen, bei denen die Kinder nicht nur zur Ruhe kommen, sondern ganz nebenbei auch verschiedene Planeten etwas näher kennenlernen. Gleichzeitig bietet das Thema viel Raum für fantastische Vorstellungen über Ufos – hiervon lassen sich gerade auch Jungen begeistern, die sonst vielleicht weniger leicht Zugang zu Ruhe und Entspannung finden.

Abschließend werden im letzten Kapitel **»Willkommen im Zauberland«** zahlreiche Spiele und andere Angebote zum Entspannen mit Riesen, Zwergen, Feen, Zauberern und anderen fantastischen Figuren vorgestellt. Sie beflügeln die Fantasie und nehmen die Kinder mit auf eine Reise an außergewöhnlich schöne Orte, die Ruhe ausstrahlen und zum Innehalten und Entspannen einladen.

Der Entspannungsraum

Für die Entspannungsangebote sollte ein Raum gewählt werden, der möglichst **wenig Störfaktoren** wie z. B. Straßenlärm bietet. Da sich Kinder im Vor- und Grundschulalter schnell ablenken lassen, darf der Raum weder mit Bastelprodukten noch mit Spielsachen überladen sein.

Zudem sollte der Raum nicht zugestellt sein. Jedes Kind braucht genügend Platz im (Stuhl-) Kreis oder zum entspannten Liegen und ausreichend Abstand zum Nachbarn, um Störungen zu vermeiden! Vor allem die Fantasiereisen beanspruchen mehr Liegeplatz; da bei großen Gruppen jedoch eher Unruhe aufkommt, reicht ein Platz für max. zehn Kinder.

Ein Schild vor der Türe, auf dem z. B. die Entspannungshaltungen abgebildet sind (➜ S. 10 f.), verdeutlicht, dass hier gerade Entspannungsübungen gemacht werden und deshalb nicht gestört werden soll.

Eine angenehme Entspannungsatmosphäre entsteht z. B. durch **gezielte Einrichtungselemente** wie Pflanzen, wenige gedeckte Farben und evtl. einzelne Snoezelen-Elemente wie Wassersäulen oder Lichtwasserfälle. Auch können die Kinder dazu ermuntern werden, ein Kuscheltier, eine eigene Matte oder Decke, ein Kopfkissen oder dicke Wollsocken mitzubringen und diese ggf. im Raum zu deponieren. Das bewirkt, dass sie schnell einen guten Bezug zum Raum und seiner besonderen Funktion entwickeln.

Damit sich die Kinder wohlfühlen, ist auch eine **flexible Temperierung** des Raums wichtig. Dazu gehört eine gute Durchlüftung vor der Entspannungsstunde und die Möglichkeit, die Heizung während der Angebote etwas höher zu drehen als normal, damit die Kinder auch während des stillen Liegens nicht frieren. Ein besonderes Augenmerk ist auf die **Beleuchtung** zu richten. Zu viel Licht wirkt sich ebenso wie Dunkelheit ungünstig auf die Entspannung aus. Mithilfe von Vorhängen oder Rollläden kann tagsüber eine behagliche Raumatmosphäre erzielt werden. Ein oder zwei nicht abgedunkelte Fenster geben den Kindern die Möglichkeit, ihren Blick nach draußen schweifen zu lassen und eigene Gedanken und Bilder zu entwickeln. An trüben Tagen eignen sich indirekte, gedämpfte Lichtquellen, Kerzen oder bunt bemalte Marmeladengläser mit Teelichtern darin. Insgesamt sollte der Raum in jedem Fall viel Ruhe ausstrahlen und dadurch schon beim Betreten zum Entspannen einladen.

Entspannungsmusik

Entspannungsmusik kann die **Entspannung mit Kindern unterstützen** und eine gute Basis für das harmonische Gruppenerleben sein. Warme Instrumentalklänge, die z. B. mit wohltuenden Vogelstimmen, dem sanften Plätschern eines Bachs oder dem ruhigen Rauschen des Meeres untermalt sein können, führen die Kinder an Orte der Ruhe und vermitteln eine angenehme Atmosphäre.

Entspannungsmusik eignet sich gut **für Ruhe- und Wahrnehmungsspiele, für meditative Tänze und** im besonderen Maße **als Hintergrundmusik für Fantasiereisen.** Dabei werden das gezielte Entspannen von Körper, Geist und Seele unterstützt und die Sprechpausen mit ruhiger Musik gefüllt.

Entspannungsmusik kann auch am Schluss einer Fantasiereise eingeschaltet werden. Auf diese Weise haben die Kinder noch genügend Zeit, um bei ihren inneren Bildern zu verweilen oder einfach die entspannte Atmosphäre und das Gefühl von Ausgeglichenheit zu genießen.

Natürlich ist es auch möglich, Entspannungsmusik **unabhängig von konkreten Angeboten** einzusetzen. Dazu gehen die Kinder in eine entspannte Liege- oder Sitzposition, schließen ihre Augen und stellen sich eine schöne Landschaft vor, eine farbenfrohe Blumenwiese, einen weißen Sandstrand mit Palmen o. Ä. und genießen die Musik, ihre Träumereien und inneren Bilder. Ist das Musikstück zu Ende, werden sie von der Spielleitung ähnlich wie bei einer Fantasiereise sanft geweckt (→ S. 9 „Zurücknahme"). Im Anschluss sollte ein Erfahrungsaustausch stattfinden. Das kann in einer Gesprächsrunde oder über kreative Angebote wie Malen oder Kneten passieren, wobei die Entspannungsmusik noch einmal leise im Hintergrund erklingen kann.

Damit die Musik eine angenehme Wirkung erzielen kann, sollten verschiedene Punkte beachtet werden. Sinnvollerweise sollte eine **Instrumentalmusik** ausgewählt werden, die sich auch als Entspannungsmusik eignet. Diese besteht aus ruhigen Klängen, sanften Rhythmen und einem langsamen Tempo und ist manchmal mit Naturgeräuschen unterlegt. Außerdem muss die Musik **inhaltlich auf das Ruheangebot abgestimmt** sein: Wird eine Fantasiereise zum Thema »Wald« mit Meeresrauschen kombiniert, entstehen Irritationen – leise raschelnde Blätter oder Vogelgezwitscher dagegen unterstützen innere Bilder und wecken Assoziationen.

Ebenso muss die **Länge des Musikstücks** zum Angebot passen, damit die Musik z. B. nicht zu früh endet. Ist das Stück länger als das Angebot dauert, sollte die Entspannungsmusik langsam ausgeblendet und nicht abrupt ausgeschaltet werden.

Zuletzt sei auf die **Qualität der Musikanlage** hingewiesen: Nichts wirkt störender als Lautsprecher, die keine gute Klangwiedergabe haben und knackende Geräusche verursachen. Der Standort sollte flexibel sein und die Lautstärke im leisen Bereich sensibel zu differenzieren sein.

Ideal sind handliche Allroundanlagen, die entweder mit einem Verlängerungskabel oder durch Batteriebetrieb ortsunabhängig eingesetzt werden können. Damit die Kinder die Musik als wohltuend empfinden, sollte sie nur leise eingespielt werden.

Als Ergänzung zu diesem Buch hat der bekannte Musikproduzent **Martin Buntrock** für die **CD »Kinderleichte Ruheerlebnisse«** (→ Impressum) sechs ruhige Musikstücke zum Entspannen komponiert, von denen jeweils eines optimal auf das Thema eines Buchkapitels abgestimmt ist. Diese Entspannungsmusik wirkt auf besondere Weise beruhigend und harmonisch zugleich, da sie sich rhythmisch am ruhigen Pulsschlag in Entspannungssituationen orientiert. Die anregende und beruhigende Wirkung der einzelnen Musikparameter, z. B. das günstige Tempo in der Entspannungsphase, fördern die Ausgeglichenheit und nicht zuletzt die Freude an ruhigen, entspannungsfördernden Melodien.

Für einen unkomplizierten Einsatz der Musikstücke ist bei allen Entspannungsangeboten mit Musik in diesem Buch die passende CD-Nummer aufgeführt. Track 2 im Kapitel »Ruhe mit allen Sinnen erleben« und Track 5 im Kapitel »Wir schweben im Weltall« lassen sich darüber hinaus auf einfache Weise **instru-mental begleiten.** Steht z. B. ein Glockenspiel oder Metallophon zur Verfügung, lässt sich das ganze Stück immer mit den Tönen c, d, e, g, a begleiten. Zur Vereinfachung können diese Stäbe mit einem farbigen Klebepunkt markiert oder die nicht benötigten Stäbe einfach entfernt werden, sodass auch die Kinder zur Begleitung in der Lage sind. Am wirkungsvollsten klingt es, wenn gelegentlich Einzeltöne oder nur kurze Phrasen mit einer Länge von zwei bis fünf Tönen gespielt werden und anschließend eine kurze Pause folgt. Selbst eine Gitarre kann eingesetzt werden, wenn zuvor die h-Saite um einen Halbton höher auf c gestimmt wird. Nun können alle Leersaiten einzeln und in beliebiger Reihenfolge gespielt werden, da wiederum alle Töne zur Musik passen.

Grundsätzlich lassen sich aber unter Berücksichtigung der oben aufgeführten Punkte immer auch alternative Entspannungsmusiken einsetzen.

Die Rolle der Spielleitung

Generell hat die Spielleitung bei allem, was sie tut, eine **Vorbildwirkung**. Ihre Ruhe, Befindlichkeit und Einstellung bleibt den Kindern nicht verborgen und überträgt sich meist rasch. Aus diesem Grund sollte die Spielleitung stets vor den Entspannungsangeboten überprüfen, wie es ihr geht und ob sie sich selbst gerade gut auf eine Ruhephase einlassen kann. Ist das nicht der Fall, empfiehlt es sich, die Entspannung mit den Kindern auf einen späteren Zeitpunkt zu verschieben.

In jedem Fall ist es hilfreich, wenn die Spielleitung eigene Erfahrungen mit Entspannungsübungen gesammelt hat, z. B. in einem Yoga- oder AT-Kurs für Erwachsene, und unmittelbar vor der Entspannung mit den Kindern selbst eine kurze Ruheübung durchführt.

Auch während der Angebote macht die Spielleitung die Übungen zumindest am Anfang mit. So können sich die Kinder an ihrem Verhalten und ihren Bewegungen orientieren und besser in den Ruheprozess hineinkommen.

Die **Auswahl der Entspannungsangebote** richtet sich nach dem Alter, den Bedürfnissen und Interessen der Kinder. Aus diesem Grund sollte die Spielleitung ihre Zielgruppe stets im Blick haben und, falls erforderlich, das ein oder andere Angebot spontan austauschen oder weglassen. Machen die Kinder besonders motiviert und voller Freude mit, empfiehlt es sich, bei den nächsten Gelegenheiten die ausgewählten Entspannungsangebote zu ergänzen und zu erweitern.

Auch bei einer ausgeglichenen Spielleitung und einer sinnvollen Auswahl der Angebote ist es völlig normal, dass sich nicht alle Kinder in gleichem Maße auf die Ruheerlebnisse einlassen können. Kleine und gelegentliche **Störungen** sollten gar nicht erst zu viel Beachtung erhalten, da dies die Unruhe im Raum eher noch steigert.

Falls jedoch ein Kind überhaupt nicht mitmachen möchte, kann es sich leise zur Seite setzen und mit etwas Ruhigem, z. B. einem Bilderbuch, beschäftigen. Grundsätzlich gilt: Niemand muss mitmachen, aber die anderen Kinder dürfen auch nicht gestört werden.

Darüber hinaus sollte die Spielleitung ruhig und gelassen auf diejenigen Kinder eingehen, die zwar dabei bleiben, aber kaum zur Ruhe kommen. Dazu kann sie z. B. einem unruhigen Kind ein Kuscheltier geben oder sich selbst daneben setzen, um ihm sanft über den Rücken zu streichen. Langsame, klare, zugewandte Berührungen wirken beruhigend und fördern das Einlassen auf die Entspannung.

Die beste Voraussetzung für gelungene Entspannungsstunden ist und bleibt die eigene Freude an den Angeboten. Wer selbst erlebt, wie hilfreich regelmäßige Ruhe und Entspannung für Körper, Geist und Seele sein können, wird diesen positiven Zugang auch den Kindern vermitteln!

Den Tag begrüßen und verabschieden

Fängt der Tag ruhig und entspannt an, spiegelt sich das auch im Verhalten der Kinder im weiteren Verlauf des Tages. Und so, wie es früh am Morgen angefangen hat, sollte es nach Möglichkeit in der Einrichtung auch wieder enden: nämlich ruhig und entspannt!

Dieses Kapitel zeigt, wie Kinder früh am Morgen in aller Ruhe ihren Tag anfangen und diesen auf die gleiche Art wieder ausklingen lassen können. Spielerisch gehen sie aufeinander zu, um sich zu begrüßen, und erfahren, wie sie bereits früh am Morgen Kraft tanken und sich fit und gesund halten können.

In der zweiten Kapitelhälfte werden Spiele und andere Angebote für den Abschied vorgestellt. Sie tragen dazu bei, dass die Kinder sich in aller Ruhe voneinander verabschieden, die Einrichtung ohne Hektik verlassen und sich auf den kommenden Tag freuen.

Viele Anregungen aus diesem Kapitel eignen sich sehr gut für den regelmäßigen Einsatz, sodass aus ihnen ein Ritual werden kann. Rituale, die in den Tagesablauf integriert sind, schaffen Ordnung und Strukturen. Wiederkehrende, vertraute Abläufe wie z. B. im Morgen- oder Abschlusskreis vermitteln den Kindern ein Gefühl von Sicherheit und Geborgenheit – eine Grundvoraussetzung für die Möglichkeit, sich zu entspannen!

Ich sage leise: »Guten Morgen!«

Alter: ab 4 Jahren
Material: Triangel; evtl. pro Kind 1 Kissen

Die Kinder stehen in einem großzügigen Kreis. Ein Kind erhält die Triangel, sagt leise: »*Guten Morgen!*« und lässt die Triangel ertönen. Alle Kinder lauschen auf den nach und nach verklingenden Ton. Erst wenn nichts mehr zu hören ist, wird das Instrument an das rechte Nachbarkind weitergereicht. Dieses setzt das Spiel auf die gleiche Art fort, während das erste Kind einen großen Schritt zur Kreismitte macht.

Stehen alle Kinder wieder beisammen in einem engen Kreis, ist das Spiel beendet.

Variante

Die Kinder führen das Spiel gemütlich auf Kissen im Kreis sitzend durch. Wenn alle Kinder einmal die Triangel anschlagen konnten, ist das Begrüßungsspiel beendet.

Wer begrüßt dich?

Alter: ab 5 Jahren
Material: für die Hälfte der Kinder 1 Augenbinde, Triangel

Die Hälfte der Kinder verteilt sich im Raum und lässt sich von der Spielleitung die Augen verbinden. Schlägt diese danach die Triangel an, gehen die übrigen Kinder möglichst leise durch den Raum, um sich jeweils vor ein Kind mit Augenbinde zu stellen.
Ist der Klang der Triangel erneut zu hören, begrüßen alle Kinder ohne Augenbinde ihre Partnerkinder mit Vornamen. Wer anhand der Stimme errät, welches Kind gerade vor ihm steht, begrüßt sein Gegenüber ebenfalls mit Vornamen. Wurde die Aufgabe richtig erfüllt, tauschen beide Kinder die Augenbinde.
Steht die Hälfte der Gruppe wieder mit verbundenen Augen im Raum, beginnt eine neue Spielrunde.

Ein schöner Tag

Alter: ab 4 Jahren

Alle Kinder stehen hintereinander im Kreis und legen ihre Hände auf die Schultern des Kindes vor ihnen. Während die Spielleitung den folgenden Text langsam und deutlich vorliest, massieren die Kinder sich gegenseitig mit leichtem Druck den Rücken.
Kennen die Kinder den Text bereits, sprechen alle gemeinsam mit.

»Guten Morgen!« sag' ich dir.
die rechte Hand auf die rechte Schulter legen und kreisförmig bewegen
»Guten Morgen!« sagst du mir.
die linke Hand auf die linke Schulter legen und kreisförmig bewegen
Wir wünschen einen guten Morgen
voller Freude und ohne Sorgen!
mit beiden Händen im Schulterbereich und entlang der Wirbelsäule streichen
Wir wünschen uns einen schönen Tag,
was er auch alles bringen mag!
mit den Fingerspitzen leicht auf den Rücken klopfen
»Tausend Dank!« sag' ich dir.
die rechte Hand auf die rechte Schulter legen und kreisförmig bewegen
»Tausend Dank!« sagst du mir.
die linke Hand auf die linke Schulter legen und kreisförmig bewegen

Hinweis: Die Spielleitung achtet wie bei allen Streichelmassagen darauf, dass die Kinder möglichst nur neben der Wirbelsäule massieren!

Heute Morgen

Alter: ab 5 Jahren
Material: Sanduhr (1 Minute),
Handschmeichler

Im Morgensitzkreis bittet die Spielleitung alle
Kinder ihre Augen zu schließen. Sitzen alle in
entspannter Haltung (→ S. 11), denken sie darüber nach, wie ihr Tag begonnen hat und bis
jetzt verlaufen ist. Dazu stellt die Spielleitung eine Sanduhr in die Mitte. Während der Sand
durchläuft, denken die Kinder in aller Ruhe
nach.
Ist die Zeit abgelaufen, dürfen die Kinder ihre
Augen öffnen und nacheinander erzählen, was
sie heute Morgen bereits getan und erlebt haben. Wer gerade das Wort hat, erhält einen
Handschmeichler und darf so lange reden, ohne unterbrochen zu werden, bis er ihn an das
nächste Kind abgibt. Fällt einem Kind nichts
ein, reicht es den Handschmeichler einfach weiter.

Asiatische Begrüßung

*Während wir Westeuropäer uns mit einem Hände-
schütteln begrüßen, bevorzugen Ostasiaten eine förm-
liche Verbeugung mit aneinandergelegten Handflächen vor der Brust.*

Alter: ab 4 Jahren

Die Kinder bilden einen großzügigen Kreis. Eines von ihnen dreht sich zu seinem rechten
Nachbarn, der sich ihm ebenfalls zuwendet.
Das Kind führt seine beiden Handflächen vor
der Brust zusammen und verbeugt sich langsam vor seinem Nachbarn, der ihn auf die gleiche Art begrüßt.
Das Ausgangskind dreht sich wieder zur Kreismitte und sein Nachbar begrüßt das nächste
Kind im Kreis. Konnten alle Kinder ihren rechten Nachbarn mit einer Verbeugung begrüßen, ist das Spiel zu Ende.

Träumerei bei Sonnenaufgang

Den Tag können die Kinder nicht nur im Sitzen, sondern auch im Liegen beginnen. Das kann insbesondere für Kinder, die morgens etwas länger brauchen um wach zu werden, ein schönes Ritual vor dem täglichen Morgenkreis sein.

Alter: ab 4 Jahren
Material: pro Kind 1 Matte oder Decke

Alle Kinder legen sich entspannt mit dem Rücken auf ihre Matten (➜ S. 10) und schließen nach Möglichkeit ihre Augen. Die Spielleitung beschreibt den Kindern einen Sonnenaufgang: Sie erzählt langsam und ruhig vom Horizont, der allmählich hell wird, von einem Hahn, der auf einem Bauernhof zu krähen beginnt, und von den Vögeln, die bereits ihr Morgenlied zwitschern. Schließlich schickt die aufgehende Sonne ihre wärmenden Strahlen zu den einzelnen Kindern, sodass alle allmählich aufwachen.
Die Kinder bilden Fäuste ... (➜ S. 9 „Zurücknahme") und kommen z. B. zum Morgenkreis zusammen.

Im Schneckentempo

Tiere, die sich extrem langsam bewegen, eignen sich hervorragend, um ohne großes Zutun das Bewegungstempo der Kinder reduzieren.

Alter: ab 4 Jahren
Material: Handtrommel

Die Kinder verteilen sich im Raum und gehen als Schnecken zum Rhythmus des langsamen Trommelspiels durch den Raum. Begegnen sich zwei Kinder, bleiben sie kurz stehen, um sich gegenseitig zur Begrüßung mit ihren zu Fühlern am Kopf ausgestreckten Händen zu berühren.
Sollte ein Kind zu stürmisch sein, kann sich das andere Kind in sein imaginäres Schneckenhaus zurückziehen, indem es den Kopf zur Brust neigt und mit beiden Händen ein Dach über seinem Kopf andeutet. Erst wenn das andere Schneckenkind ruhiger geworden ist, kommt sein Gegenüber wieder aus seinem Häuschen zur Begrüßung hervor. Danach suchen sich beide einen neuen Schneckenpartner.

Lichtertanz

⊚ Nr. 1

Der »Lichtertanz« bietet sich insbesondere zur Vorbereitung für eine Erzählrunde im Morgenkreis an.

Alter: ab 5 Jahren
Material: pro Kind 1 leeres Marmeladenglas und 1 Teelicht, Glasmalfarben, 1 größeres (Gurken-)Glas, Feuerzeug

Vorbereitung

Alle Kinder bemalen ihre Marmeladengläser nach Herzenslust. Die Spielleitung bemalt ein größeres Glas, auf dem einfache Glückssymbole wie z. B. Herzen, vierblättrige Kleeblätter, Hufeisen etc. zu sehen sind.

Spielablauf

Die Kinder bilden gemeinsam mit der Spielleitung einen Kreis und alle stellen ihre Gläser vor ihren Füßen ab. Die Spielleitung setzt in jedes Glas ein brennendes Teelicht und schaltet die Entspannungsmusik ein.

Dazu macht sie einfache Tanzbewegungen vor, z. B.: Alle Kinder fassen sich selbst an den Hüften und drehen sich im Takt der Musik langsam um die eigene Achse. Dabei bewegen sie sich im Uhrzeigersinn im Kreis um die bunten Lichter herum. Reicht die Spielleitung den beiden Kindern neben sich die Hände, fassen sich alle Kinder an den Händen und gehen seitwärts im Uhrzeigersinn herum. Lässt die Spielleitung die beiden Kinder wieder los und bleibt stehen, schauen alle, wer jetzt direkt vor dem großen Glas der Spielleitung steht. Dieses Kind übernimmt in der nächsten Runde die Rolle der Spielleitung und darf andere ruhige Tanzschritte vorgeben, die alle Kinder gleich mitmachen.

Ist die Musik beendet, knien sich alle Kinder vor das Glas, das sich gerade vor ihnen befindet. Wer vor dem großen Glas kniet, darf die Erzählrunde im Morgenkreis beginnen. Anschließend rücken alle Kinder einen Platz nach rechts weiter, sodass das nächste Kind das Wort erhält.

Abschieds-Flüsterpost

Alter: ab 4 Jahren
Material: Triangel

Die Kinder stellen sich im Kreis auf. Eines denkt sich ein Abschiedswort aus und flüstert es seinem rechten Nachbarn ins Ohr. Daraufhin lässt die Spielleitung einmal die Triangel erklingen als Zeichen, dass die Post angekommen ist! Das Abschiedswort darf erst zum nächsten Kind weitergeflüstert werden, wenn der Ton ganz verklungen ist.

Auf diese Art wird das Spiel bis zum fünften Kind im Kreis weitergeführt, das das Abschiedswort schließlich laut wiederholt. Das Ausgangskind gibt Auskunft, ob es noch dasselbe Wort ist, das es losgeschickt hat. Danach beginnt das fünfte Kind die nächste Runde mit einem neuen Abschiedswort, bis alle Kinder einmal ein Wort weiterflüstern und sich damit verabschieden konnten.

Variante für ältere Kinder

Alle Kinder sitzen eng beisammen im Stuhlkreis. Ein Kind flüstert so leise wie möglich ein Abschiedswort in das Ohr seines rechten oder linken Nachbarn. Wer von den übrigen Kindern das Wort richtig wiederholen kann, darf das Spiel mit seinen beiden Nachbarn auf die gleiche Art fortsetzen. Ansonsten wird das Wort so lange weiter im Kreis herumgeflüstert, bis es von einem anderen Kind richtig verstanden wurde.

Schöne Erlebnisse

Alter: ab 5 Jahren
Material: pro Kind 1 Kissen, 1 schönes Tuch, Naturmaterialien (Kieselsteine, Zapfen, Pflanzenblätter ...), 1 dicke Kerze, Feuerzeug; evtl. 1 Feder

Die Kinder legen einen Sitzkreis aus Kissen und gestalten aus dem Tuch, den Naturmaterialien und der Kerze eine schöne Mitte.
Alle setzen sich auf den Kissen so eng nebeneinander, dass sich ihre Beine mit denen der Nachbarkinder berühren und sie die Hände rechts und links auf deren Knie legen können. Sie schließen die Augen und jedes Kind denkt an ein schönes Erlebnis des Tages und/oder überlegt einen Wunsch für den nächsten Tag, z. B.: *»Ich möchte morgen gern mehr Zeit zum Frühstücken haben.«, »Ich wünsche mir für morgen Sonnenschein.« oder: »Ich möchte morgen das neue Lied von heute wieder singen.«* Nach einer Minute öff-

nen alle die Augen und wer mag, erzählt den anderen von seinem schönen Erlebnis oder seinem Wunsch.

Variante

Im Stuhlkreis erhält ein Kind eine Feder, schließt kurz seine Augen und denkt an ein »leichtes« schönes Tageserlebnis, das es allen erzählen möchte, bevor es die Feder seinem rechten Nachbarn überreicht. Dabei darf es die Feder nicht mit den Fingern festhalten, sondern nur von seiner offenen Hand in die Hand des nächsten Kindes gleiten lassen, ohne dass sie herunterfällt! Die Feder verlangsamt so das Spiel und lässt die Kinder beim Weiterreichen achtsam miteinander umgehen. Wer die Feder als Letztes erhält, darf diese in der Mitte neben der Kerze zu Boden gleiten lassen.

Wem hilfst du in die Jacke?

Alter: ab 4 Jahren
Material: für die Hälfte der Kinder
1 Augenbinde

Die Hälfte der Kinder sucht sich einen Platz im Raum und lässt sich von der Spielleitung die Augen verbinden.

Alle übrigen Kinder holen ihre Jacken, gehen möglichst leise auf ein freies Kind mit verbundenen Augen zu und übergeben ihm ihre Jacke. Das blinde Kind versucht nun seinem Spielpartner die Jacke anzuziehen und dabei durch Tasten herauszufinden, wer gerade vor ihm steht. Zur Kontrolle nehmen alle ihre Augenbinden ab und geben sie ihrem Partnerkind. Wer hat sein Gegenüber richtig erkannt? Anschließend werden die Rollen getauscht, sodass am Ende alle ihre Jacke anhaben.

Abschiedsklang

Alter: ab 5 Jahren
Material: Klangschale

Die Kinder bilden einen Kreis und die Spielleitung reiht sich mit einer Klangschale zwischen zwei Kindern ein. Sie stellt die Klangschale vor ihren Füßen ab und schlägt sie an. Ist der Ton verklungen, verabschiedet sie sich von allen Kindern und sagt ihnen in einem Satz, was ihr heute am besten gefallen hat. Daraufhin geben sich alle Kinder die Hände und gehen miteinander ein, zwei Schritte im Uhrzeigersinn, bis das Kind, das links neben der Spielleitung im Kreis steht, vor der Klangschale stehen bleibt und diese anschlägt. Es verabschiedet sich und sagt, wenn es mag, was ihm heute am besten gefallen hat. Fällt ihm nichts ein oder möchte es nichts sagen, verabschiedet es sich nur und der Kreis geht weiter. Das Spiel ist beendet, wenn alle einmal die Klangschale anschlagen, sich verabschieden und vielleicht ein schönes Tageserlebnis mitteilen konnten.

Die Pusteblume   ◉ Nr. 1

Alter: ab 5 Jahren

Die Kinder stehen eng beisammen im Kreis. Die Spielleitung schaltet die Musik leise ein und sobald das Vogelgezwitscher verklungen ist, erzählt sie den Kindern, dass nun alle ein Flugschirmchen einer wunderschönen Pusteblume darstellen. Sie fährt fort:

»Schließt bitte eure Augen und denkt noch einmal daran zurück, was ihr heute gemeinsam unternommen habt. ◉
Haltet euch an den Händen und spürt, wie ihr eine Gruppe bildet. Erinnert euch daran, was euch heute besonders gut in der Gruppe gefallen hat. ◉

Denkt daran, dass ihr ein wichtiger Teil der Gruppe seid. Stellt euch die einzelnen Flugschirme der Pusteblume vor, ohne die es keine Blüte geben würde. ◉
Jetzt kommt ein angenehmer Wind auf. Er trägt die einzelnen Flugschirme nacheinander fort. Sobald du den Windhauch auf deinem Nacken spürst, öffnest du deine Augen und gehst leise zur Musik im Raum spazieren, um dir einen neuen Platz zu suchen.«
Die Spielleitung pustet nacheinander auf den Nacken der einzelnen Kinder, die aus dem Kreis treten und sich im Raum einen neuen Platz suchen.
Ist das Vogelgezwitscher am Ende der Entspannungsmusik wieder zu hören, ist dies das Signal für die Kinder, sich gegenseitig zum Abschied zuzuwinken und nach Hause zu gehen.

Mein Tag beginnt ⊙ Nr. 1

Alter: ab 5 Jahren
Material: pro Kind 1 Matte oder Decke

Blick aus dem Fenster

Die Kinder sitzen auf ihren Stühlen im Kreis und schließen ihre Augen. Die Spielleitung öffnet ein Fenster des Gruppenraums. Sie bittet die Kinder auf die Geräusche zu achten und sich dabei vorzustellen, was sie alles durch das Fenster sehen können. Nach einer Weile öffnen die Kinder ihre Augen und erzählen kurz, was sie alles gehört und sich vorgestellt haben.

Hinweis: Hierbei geht es nicht um die richtige Wiedergabe und Zuordnung von Geräuschen vor dem Fenster, sondern um die Entwicklung eigener Ideen und freier Assoziationen.

Fantasiereise

Die Kinder holen ihre Matten und nehmen die Entspannungshaltung im Liegen ein (➜ S. 10). Wer möchte, schließt die Augen. Die Spielleitung stellt die Entspannungsmusik an und sobald das Vogelgezwitscher verklungen ist, liest oder spricht sie den folgenden Text langsam und ruhig mit vielen Pausen (◎).

Es ist früh am Morgen. <u>Die ersten Sonnenstrahlen scheinen durch das Fenster und erhellen den Raum. Du folgst dem Sonnenlicht und schaust aus dem Fenster hinaus.</u> Du atmest die frische Luft in tiefen Zügen ein und horchst auf das Zwitschern der Vögel.

Alles um dich herum ist friedlich. Du bist ganz ruhig und entspannt. ◎

Du spürst die Lebensfreude in dir und richtest deinen Blick auf einen alten Eichenbaum. Sicher und stark sieht der Baum aus. Du bewunderst den dicken Stamm und seine runzelige Rinde.

Du spürst die angenehme Schwere des Eichenbaums. Auch deine Arme und Beine sind nun ganz schwer. Die Schwere breitet sich in deinem ganzen Körper aus. Du bist ganz schwer. ◎

Nun schaust du hinauf zur der dichten Baumkrone bis hin zu den weißen Wolken, die langsam am Himmel vorüberziehen. Eine Wolke gefällt dir besonders gut. Sie sieht wie Watte aus und du würdest dich am liebsten hineinlegen. Du stellst dir vor, wie du ganz bequem auf der Wolke liegst und ein wenig träumst.

Du genießt die Ruhe um dich herum und Ruhe ist auch in dir. Du bist ganz ruhig und entspannt. ◎

Du schaust hinunter zu dem alten Eichenbaum, der ganz kräftig und mächtig ausschaut. Was mag er schon alles erlebt haben? Er hat bestimmt so manchem Sturm getrotzt und viele heitere Tage auf seinem Platz verbracht. Du schaust hinunter auf die Baumkrone, die im Sonnenlicht wunderschön ausschaut. Dabei kannst du die warmen Sonnenstrahlen spüren.

Deine Arme und Beine sind angenehm warm. Du genießt die warmen Sonnenstrahlen. Spüre, wie die Wärme durch deinen Körper strömt. Dein ganzer Körper ist angenehm warm. ◎

Du ziehst auf der Wolke ganz langsam weiter. Unter dir siehst du eine Katze zusammengekuschelt im weichen, zartgrünen Gras liegen. Ihr Gewicht drückt auf das weiche Gras. Ihr Körper ist ganz schwer. Sie genießt die warme Sonne auf ihrem Körper.

Du bist ganz ruhig und entspannt. Du bist ganz schwer und warm. ◎

Die Katze bleibt ein Weilchen liegen, um genau wie du genügend Kraft für den bevorstehenden Tag zu schöpfen. Dabei hebt und senkt sich ihr Fell leicht mit dem Rhythmus ihres Atems.

Genauso ruhig und gleichmäßig und ganz von allein geht dein Atem. Dein Atem geht ein und aus, ein und aus. ◎

Während du so herunterschaust, kannst du viele schöne Wiesenblumen entdecken. In Gedanken suchst du dir eine Blume aus, die dir besonders gut gefällt. Du schaust sie dir genau an, bewunderst ihren grünen Stängel, ihre grünen Blätter und ihren farbigen Blütenkopf, der so herrlich duftet.

Du bist ganz ruhig und entspannt. Du genießt die Stille, aus der du neue Kraft schöpfst. ◎

Zurücknahme

Bald hast du genügend Kraft geschöpft. Langsam beendest du deine Reise und kommst wieder zur Erde, in dein Zimmer zurück.

Du machst zwei Fäuste, beugst die Unterarme zügig gegen die Oberarme und streckst sie wieder aus. Das machst du mehrere Male. ◉

Dann atmest du zwei- bis dreimal tief ein und aus. ◉ Schließlich öffnest du wieder deine Augen. ◉ Du stehst ganz langsam über die Seite auf. ◉

Du machst dich groß wie ein Riese, ballst deine Hände noch einmal zu Fäusten und reckst und streckst sie mit deinem ganzen Körper nach oben zur Decke. ◉

Du rufst laut:

»Ich fühl mich fit für diesen Tag,
egal was er mir bringen mag!«

Hinweis: Die Fantasiereise eignet sich nicht nur für die Innenräume, sondern kann auch im Wald oder auf einer Wiese mit Bäumen eingesetzt werden. In diesem Fall werden im ersten Abschnitt und bei der Zurücknahme die unterstrichenen Teile ausgelassen.

Mein Tag geht zu Ende  Nr. 1

In dieser Fantasiereise werden reale Tagesgeschehnisse nacherlebt. Dabei werden gemeinsam gemachte Erlebnisse vertieft, die das Gemeinschaftsgefühl stärken.

Alter: ab 5 Jahren
Material: pro Kind 1 Kissen und 1 Matte oder Decke, Klangschale

Heute hat mir gefallen ...

Alle Kinder sitzen auf Kissen im Kreis. Die Spielleitung schlägt in der Kreismitte die Klangschale an. Währenddessen überlegen alle Kinder, ob sie heute etwas Schönes erleben konnten. Vielleicht gab es ein Spiel, das ihnen besonders gut gefallen hat, oder Kinder, mit denen sie Quatsch machen und herzhaft lachen konnten.

Sobald die Spielleitung erneut die Klangschale anschlägt, dürfen diejenigen Kinder, die sich zu Wort melden, der Gruppe etwas Positives mitteilen, indem sie z. B. sagen: »Heute hat mir gut gefallen, dass wir draußen so lange Verstecken spielen konnten!« oder: »Ich fand toll, dass wir heute Zirkusclowns gespielt haben!« usw.

Fantasiereise

Die Kinder legen sich entspannt auf ihre Matten (➜ S. 10) und wer mag, schließt die Augen. Die Spielleitung blendet die Entspannungsmusik erst nach dem Vogelgezwitscher ein. Dazu liest oder spricht sie den folgenden Text langsam und ruhig mit vielen Pausen (◉). Am Ende des Stücks kann die Musik langsam ausgeblendet werden, bevor das Vogelgezwitscher beginnt.

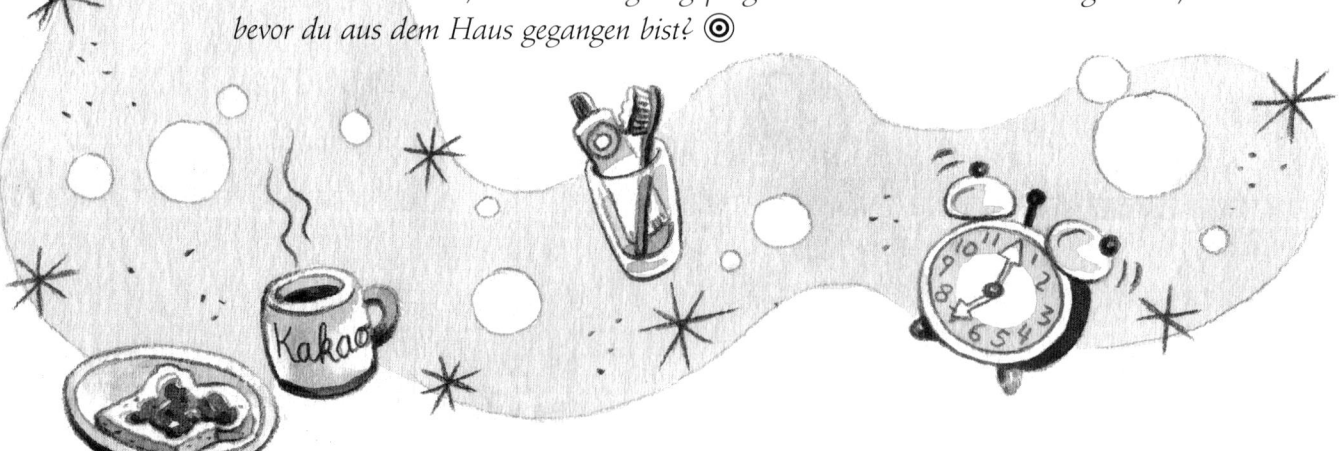

Erinnere dich, wie du heute deinen Tag begonnen hast. Früh am Morgen hast du noch im Bett gelegen. Vielleicht bist du vom Wecker wach geworden oder ganz von allein, oder deine Mutter oder dein Vater haben dich geweckt. Du bist aufgestanden und ins Badezimmer gegangen. Du hast dich gewaschen und angezogen, vielleicht mithilfe deiner Eltern. Du bist in die Küche gegangen. Vielleicht hast du zu Hause gefrühstückt oder du hast erst später am Vormittag etwas gegessen.

Erinnere dich daran, wie dein Tag angefangen hat. Was hast du alles gemacht, bevor du aus dem Haus gegangen bist? ◉

Nun erinnerst du dich daran, wie du den Kindergarten (die Schule) betreten hast. Du hast viele Kinder gesehen, die so wie du einzigartig und ein Teil der Gruppe sind. Du bist auf das ein oder andere Kind zugegangen, um es zu begrüßen. Vielleicht hast du heute mit einem Kind besonders viel gesprochen, mit einem Freund oder einer Freundin gespielt oder ganz allein etwas erlebt? Was hast du im Verlauf des Tages alles gemacht?

Erinnere dich daran, was du heute alles erlebt hast. Wie ist es dir ergangen? ◉

Du erinnerst dich nun an die Dinge, die dir heute besonders gut gefallen haben. Vielleicht gibt es etwas, das du morgen gerne wiederholen möchtest oder etwas, das du jemandem erzählen möchtest. Vielleicht gibt es etwas, das alle wissen sollten.

Erinnere dich daran, was du heute Schönes erlebt hat. Was war gut und was möchtest du vielleicht erzählen? ◉

Gleich gehst du nach Hause. Du freust dich vielleicht schon auf den morgigen Tag und bist gespannt, was alles passieren wird.

Denk noch einmal in Ruhe an das, was du heute alles erlebt hast. ◉

Zurücknahme
Du kommst jetzt langsam wieder mit deiner Aufmerksamkeit in den Raum zurück. Du machst zwei Fäuste ... (→ S. 29)
Du rufst laut:
*Ich freu mich sehr auf morgen
und mach' mir keine Sorgen!*

Ruhe mit allen Sinnen erleben

Entspannung mit Kindern kann durchaus eine Herausforderung sein: Viele, vor allem jüngere Kinder, sind nicht gleich in der Lage, sich auf eine Ruheübung einzulassen, ihren Körper zu spüren oder während einer Fantasiereise innere Bilder entstehen zu lassen. Sie sind unruhig, leicht ablenkbar und haben vielleicht noch nicht gelernt, ihre Aufmerksamkeit für einige Minuten ausschließlich auf eine bestimmte Sache zu richten.

Um diese Grundlagen für Entspannungsübungen zu schaffen, bietet dieses Kapitel viele Spiele an, bei denen die Kinder erst einmal ihre Aufmerksamkeit auf etwas Bestimmtes richten: Sie hören einen Ton, betrachten Farben oder Formen, ertasten einen Stein, riechen einen süßen Duft oder erleben einen besonderen Geschmack.

Mithilfe der einzelnen Sinne lernen sie ihre Umwelt zu erforschen, zu verstehen und neue Eindrücke zu integrieren. Eine Reizüberflutung jedoch überfordert, während zu wenige Reize die Sinne unzureichend stimulieren. Beides macht auf Dauer krank und wirkt sich negativ auf die Entwicklung des Kindes aus.

In einer »reizvollen« und entspannten Umgebung hingegen können Kinder angenehme Sinneserfahrungen machen. Die ruhige Atmosphäre bewirkt, dass sie dabei viel konzentrierter und aufmerksamer sind. Gleichzeitig sorgt die betont spielerische Einbettung einiger Spiele für viel Lockerheit und Spaß und überfordert nicht mit langen Stillepausen. Auf diese Weise erleben die Kinder intensiv und differenziert die Sinneswahrnehmung und können sich später viel leichter auf sich selbst, ihre Körperwahrnehmung oder innere Bilder einlassen.

Mäuschen, wo bist du?

Alter: ab 4 Jahren
Material: pro Kind 1 Augenbinde,
Glöckchen

Die Kinder stehen mit etwas Abstand hintereinander auf der Kreisbahn und lassen sich
von der Spielleitung die Augen verbinden. Drei
Kinder, die ungefähr gleich weit voneinander
entfernt stehen, erhalten keine Augenbinde
und stellen sich mit dem Gesicht in Gegenrich-
tung auf. Sie spielen drei Mäuse, die ganz leise
im Slalom um die einzelnen Kinder herumhu-
schen.

Lässt die Spielleitung das Glöckchen erklingen, bleiben alle drei Mäuse vor jeweils einem
der Kinder stehen und machen ganz leise
»Piep!« Wer glaubt, dass eines der Mäuse-Kin-
der direkt vor ihm steht, hebt die Hand. Zur
Kontrolle schieben die Kinder leicht ihre Augenbinden hoch.

Danach beginnt eine weitere Spielrunde mit
drei neuen Mäuse-Kindern.

EDELSTEIN - BLUFF

Edelstein-Bluff

Alter: ab 4 Jahren
Material: jede Menge kleine Edelsteine und
deutlich größere Kieselsteine, pro Kind
1 Schälchen, Handtrommel, Triangel

Die Kinder stehen möglichst eng beieinander
im Kreis. Sie stellen ein Schälchen auf den Boden vor ihren Füßen und halten dann ihre
Hände hinter den Rücken. Die Spielleitung
gibt allen Kindern von hinten verdeckt einen
großen Kieselstein in die Hand; drei von ihnen
erhalten jedoch heimlich einen kleinen Edelstein.

Zu den leisen Schlägen der Trommel reichen
die Kinder ihre Steine im Uhrzeigersinn hinter dem Rücken weiter im Kreis herum. Die
Spielleitung trommelt so langsam, dass die
Kinder zu jedem Schlag einen Stein weiterreichen können.

Ist der Klang der Triangel zu hören, betasten
alle Kinder hinter dem Rücken den Stein, den
sie gerade in ihren Händen halten. Wer glaubt,
einen kleinen Edelstein zu haben, macht einen
großen Schritt in die Mitte. Alle Kinder, die
richtig reagiert haben und den anderen einen
kleinen Stein vorzeigen können, dürfen diesen
in ihrer Schale ablegen.

Danach fängt eine neue Spielrunde mit drei
weiteren kleinen Edelsteinen an. Erst wenn alle Kinder wenigstens einen Edelstein bekommen haben, ist das Spiel beendet.

Inspektor Scharfsinn

Alter: ab 5 Jahren
Material: für die Hälfte der Kinder
1 Augenbinde, viele Kieselsteine

Die Hälfte der Kinder geht durch den Raum. Währenddessen beobachten die übrigen Kinder alle anderen so genau wie möglich. Sie merken sich, welche Kleidungsstücke sie tragen, welche Haarfarbe sie haben usw.
Nach einer Weile verbindet die Spielleitung den beobachtenden Kindern die Augen, während sich alle anderen je drei Kieselsteine holen. Damit geht jedes Kind zu einem Kind mit Augenbinde und sagt z. B.: »Ich heiße Lisa und möchte von dir wissen, welche Farbe mein Pullover hat!« oder: »Ich bin Samet und möchte von dir wissen, welche Haarfarbe ich habe.« Für jede richtige Antwort gibt es einen Kieselstein. Am Ende nehmen die drei Kinder ihre Augenbinden ab und zählen ihre Kieselsteine. Wer von ihnen die meisten ergattert hat, wird von der Spielleitung zum »Inspektor Scharfsinn« ernannt.

Pausenbrote kosten

Dieses Spiel eignet sich hervorragend für ein Gruppenfrühstück, das die Kinder gemeinsam zubereiten.

Alter: ab 4 Jahren
Material: pro Kind 1 Augenbinde, Brot, Butter, Käse, Wurst, Quark, Paprika, Tomaten, Gurken, Radieschen etc., Triangel

Vorbereitung
Die Kinder bereiten für die ganze Gruppe leckere Pausenbrot-Häppchen zu mit vielen unterschiedlichen Belägen.

Spielablauf
Die Kinder sitzen alle um einen Frühstückstisch herum und lassen sich von der Spielleitung die Augen verbinden. Jedes Kind bekommt einen Frühstücksteller mit einem Pausenbrot-Häppchen. Die Kinder riechen erst daran und beißen dann einmal herzhaft hinein. Sie kauen langsam und genüsslich. Währenddessen versuchen sie herauszufinden, welchen Brotbelag sie gerade verzehren.
Nach ca. einer Minute lässt die Spielleitung die Triangel erklingen. Nun dürfen die Kinder nacheinander sagen, was sie gegessen haben und zur Kontrolle ihre Augenbinden abnehmen. Anschließend essen sie den Rest des Häppchens auf, legen sich die Augenbinden wieder um und warten, bis die Spielleitung eine zweite Runde Häppchen verteilt hat, mit der das Spiel fortgesetzt wird.

Es muht und grunzt ganz leise

Auf dem Bauernhof ist viel los: Es gibt Kühe, Schweine, Pferde und Katzen, die jede Menge Tiergeräusche von sich geben, die heute jedoch viel leiser als sonst sind. Wer hat gute Ohren und findet heraus, welches Tier sich ganz in seiner Nähe befindet?

Alter: ab 5 Jahren
Material: für die Hälfte der Kinder 1 Augenbinde, Triangel

Die Hälfte der Kinder bildet einen Stuhlkreis, bei dem die Lehnen zur Mitte zeigen. Während die sitzenden Kinder ihre Augen verbinden, benennen alle anderen je ein Bauernhoftier, das ein Tiergeräusch von sich geben kann. Jedes der Tiere sollte nur einmal vorkommen. Danach bewegen sich die Tier-Kinder in der Fortbewegungsart ihres Tiers um den Stuhlkreis herum.
Ist der Klang der Triangel zu hören, bleiben alle Kinder vor jeweils einem Kind im Stuhlkreis stehen und machen gleichzeitig ihre Tiergeräusche ganz leise vor, bis erneut der Klang der Triangel zu hören ist. Wer von den Kindern im Stuhlkreis weiß, wie das Tier-Kind direkt vor ihm heißt? Das ist gar nicht so einfach, denn es sind ja viele Bauernhoftiere gleichzeitig zu hören. Wurde das gesuchte Tier von einem Kind erkannt, tauscht es mit seinem Partnerkind die Rolle. Wenn nicht, bleibt das ratende Kind sitzen und auch das Tier-Kind bleibt in der nächsten Spielrunde in seiner Rolle.

Körperhaltung ertasten

Alter: ab 6 Jahren
Material: viele Augenbinden

Je drei Kinder erhalten eine Augenbinde, die das erste Kind anzieht. Die anderen beiden Kinder stehen daneben. Das zweite Kind verändert ein Detail in der Körperhaltung des dritten Kindes, d.h. es streckt z.B. einen seiner Arme nach oben, stellt ein Bein vor oder beugt dessen Oberkörper nach vorn. Das erste Kind hat die Aufgabe, das dritte Kind abzutasten und danach die gleiche Körperhaltung einzunehmen. Da es nichts sehen kann, muss es beim Betasten sehr behutsam vorgehen und nur langsame Bewegungen machen, um dem Kind nicht wehzutun oder es unangenehm zu berühren.
Hat es die ertastete Körperhaltung nachgebildet, nimmt ihm das zweite Kind die Augenbinde ab, damit es die Haltung vergleichen kann. Anschließend tauschen die drei Kinder untereinander ihre Rollen.

Variante für jüngere Kinder
Die Kinder spielen ohne Augenbinde. In diesem Fall sollte die Körperhaltung etwas komplexer sein und muss möglichst genau nachgeahmt werden.

Vor, neben oder hinter dir?

Alter: ab 4 Jahren
Material: pro Kind 1 Matte oder Decke und
1 Augenbinde, Triangel

Alle Kinder bis auf drei verteilen ihre Matten
im Raum, legen sich entspannt mit dem Rücken darauf (➜ S. 10) und lassen sich die Augen verbinden. Währenddessen gehen die drei
Kinder im Raum spazieren. Sobald die Triangel erklingt, suchen sie sich jeweils ein Kind
aus, zu dem sie möglichst leise hingehen. Wer
von den Kindern glaubt, dass sich ein Kind direkt vor, neben oder hinter ihm befindet, hebt
den Arm. Auf ein Zeichen der Spielleitung
schieben alle Kinder ihre Augenbinden ein
Stück hoch, um nachzusehen.
Danach gehen die drei Kinder weiter durch den
Raum, während die liegenden Kinder ihre Augen wieder verdecken für die nächste Spielrunde. Nach zwei oder drei Runden werden die
umhergehenden Kinder ausgewechselt.

Variante für ältere Kinder
Statt nur den Arm zu heben deuten die Kinder
so genau wie möglich in die Richtung, in der sie
ein Kind neben, vor oder hinter sich vermuten.

Wer schnarcht denn da?

Alter: ab 5 Jahren
Material: 1 Augenbinde, 1 Matte oder
Decke

Alle Kinder sitzen im Stuhlkreis, in dessen
Mitte die Spielleitung eine Matte legt. Sie
wählt eines von den Kindern aus und verbindet ihm die Augen. Sie deutet auf ein weiteres
Kind, das sich möglichst leise auf die Matte
legt, die Augen schließt, laut schnarcht und dabei hin und wieder den Vornamen des raten-
den Kindes vor sich hin murmelt. Das Kind
mit den verbunden Augen versucht das schnar-
chende Kind zu erkennen und dessen Vornamen zu nennen. Hat es das Kind erkannt, erhält dieses in der nächsten Runde die
Augenbinde und setzt sich in den Stuhlkreis.
Wenn nicht, behält das ratende Kind die Augenbinde und muss ein anderes Kind erkennen, das sich schlafend stellt.

Hörst du das Glockenspiel? ⊙ Nr. 2

Alter: ab 4 Jahren
Material: Glockenspiel oder Metallophon

Alle Kinder setzen sich entspannt im Kreis auf ihren Stuhl (➔ S. 11) mit dem Gesicht nach außen. Die Spielleitung schaltet leise die Entspannungsmusik ein und setzt sich mit einem Glockenspiel in die Kreismitte, sodass die Kinder sie nicht sehen. Hin und wieder schlägt sie leise einen der Töne c, d, e, g oder a an, die alle zu den Harmonien des Musikstücks passen (➔ S. 17). Sobald die Kinder glauben, einen Glockenspielton zu hören, heben sie die Hand. Wer kann gut zwischen der Entspannungsmusik und den leisen Tönen des Glockenspiels unterscheiden?

Variante für ältere Kinder
Die Kinder heben nur die Hand, wenn
~ mehrere Töne hintereinander zu hören sind;
~ zwei gleiche Töne hintereinander gespielt werden;
~ von zwei Tönen der letzte höher ist als der erste.

Im Streichelzoo

Alter: ab 4 Jahren
Material: pro Kinderpaar 1 Matte oder Decke

Je zwei Kinder holen sich zusammen eine Matte und legen alle Matten kreisförmig mit etwas Abstand zueinander auf den Boden. Eines der beiden Kinder legt sich mit dem Bauch auf die Matte und sein Partnerkind kniet sich daneben.

Die Spielleitung erzählt, dass sie heute gemeinsam einen Ausflug in den Streichelzoo machen wollen und dabei jedes Tier auf eine ganz bestimmte Art streicheln. Erzählerisch geht sie mit den Kindern von Gehege zu Gehege und macht die Streichelbewegungen an einem der liegenden Kinder vor, während die anderen direkt mitmachen. Beispiele:

~ Schafe = mit den Fingerspitzen vom Scheitel über die Haare bis hin zum Nacken streichen
~ Ziegen = mit den Händen über die Schultern bis hinunter zu den Schulterblättern streichen
~ Ponys = mit den Händen von den Schultern über den Rücken neben der Wirbelsäule (nicht *auf* der Wirbelsäule) bis zum Becken streichen usw.

Die Spielleitung wählt die Tiere der Reihe nach aus und lässt genügend Zeit, damit alle Kinder die Bewegungen gut nachahmen können. Wie bei allen Massagen sollte nicht mit zu viel Druck massiert werden. Ein *»Stopp!«* vom massierten Kind muss vom Partner immer akzeptiert werden! Am Ende erzählen die massierten Kinder, was sie gespürt haben und wie ihnen der Zoobesuch gefallen hat. Danach findet ein Rollenwechsel statt.

Wohltuende Duftkerzen    Nr. 2

Alter: ab 5 Jahren
Material: pro Kind 1 Matte oder Decke,
3 Duftkerzen (z. B. Erdbeere, Brombeere und
Kirsche für die Sommerzeit oder Apfel,
Vanille und Zimt für die Weihnachts- und
Winterzeit), Feuerzeug

Alle Kinder legen sich mit dem Rücken auf ihre Matten (➡ S. 10) mit genügend Abstand um zwei bis drei Duftkerzen in der Mitte des Raums herum. Während nun die Kinder nach Möglichkeit ihre Augen schließen, schaltet die Spielleitung die Entspannungsmusik ein, die leise im Hintergrund erklingt. Dazu zündet sie eine der Duftkerzen an. Nach einer Weile bläst sie die Kerze wieder aus, wartet einen Moment und zündet die zweite Kerze an usw., bis alle drei Kerzen einmal gebrannt und ihren Duft verströmt haben. Die Kinder lauschen der Musik und genießen entspannt die verschiedenen Düfte.

Ist die Musik beendet, bläst die Spielleitung die letzte Kerze aus, bevor die Zurücknahme erfolgt (➡ S. 9).

Am Ende kommen alle im Kreis zusammen und erzählen, was sie wahrgenommen haben, ob sie bestimmte Düfte bemerkt haben und benennen können, woran sie dabei gedacht oder welche Bilder sie vielleicht gesehen haben ...

Hinweis: Hierbei geht es nicht um die korrekte Aufzählung der Düfte in der richtigen Reihenfolge, sondern um die individuelle Wahrnehmung der Kinder und ihre Assoziationen – eine Bewertung im Sinne von »richtige« und »falsche« Duftwahrnehmung gibt es also nicht.

Wetterklänge

Alter: ab 6 Jahren
Material: pro Kind 1 Matte oder Decke,
Klangschale, Regenstab, leere Flasche

Die Kinder legen sich entspannt mit dem Rücken auf ihre Matte (➡ S. 10) und schließen nach Möglichkeit ihre Augen. Die Spielleitung macht mit Klangschale, Regenstab und Flasche eine Wettervorhersage. Sie beginnt mit dem Regenstab und lässt es erst leise, dann immer heftiger regnen. Nach einer Weile kommt Wind auf, indem sie über den Flaschenhals pustet, und zum Schluss lässt sie mit der Klangschale die Sonne hinter den Wolken hervorkommen.

Die Kinder lauschen einfach den Geräuschen und bleiben am Ende noch eine Weile liegen, bevor die Zurücknahme erfolgt (➡ S. 9).

Anschließend kommen alle im Kreis zusammen. Nacheinander berichten die Kinder, falls sie möchten, der Spielleitung von ihren Erlebnissen. Erst dann erzählt die Spielleitung, woran sie selbst gedacht hat. Es geht hierbei nicht um Richtig und Falsch, sondern um ganz unterschiedliche Assoziationen und Wahrnehmungen!

Klangreisen-Bilder

Alter: ab 6 Jahren
Material: Orff-Instrumente und Klang-
erzeuger (z. B. Ozean-Trommel, Klangschale,
leere Flasche, Grasbüschel, Regenstab, Claves
oder Stöcke, Vogelpfeife usw.), für die Hälfte
der Kinder 1 Matte oder Decke

Die Kinder bilden zwei Gruppen und überlegen sich mithilfe der Spielleitung ein Thema
für eine Klangreise. Beide Gruppen bekommen einen Fundus an Orff-Instrumenten und
anderen Klangerzeugern und entwickeln innerhalb ihrer Gruppe Ideen für ihre eigene Klangreise. Mögliche Themen sind z. B. ein Strandspa-
ziergang (Ozean-Trommel = Meeresrauschen,
Klangschale = Sonnenstrahl, Pusten über einen Flaschenhals = Windbrise, mit Grasbü-
scheln rascheln = Wind im Dünengras usw.)
oder ein Waldspaziergang (Regenstab = Re-
gen, trockene Blätter = raschelnder Wind in
den Bäumen, Claves oder Stöcke = Specht, Vogelpfeife = Vogelgezwitscher usw.).

Die Gruppen führen sich die Reisen gegenseitig vor und können dazu eine passende Geschichte erzählen, während die andere Gruppe entspannt mit geschlossenen Augen auf
ihren Matten liegt. Danach erfolgt die Zurücknahme für die liegenden Kinder (➔ S. 9). Nach
jeder Reise kommen alle zusammen und die
Zuhörer berichten, falls sie möchten, der Reihe nach von ihren Erlebnissen. Anschließend
erzählen die MusikerInnen, woran sie gedacht
haben.

Farben hören   ⊙ Nr. 2

Alter: ab 6 Jahren
Material: pro Kind 1 Matte oder Decke,
Glockenspiel; evtl. Malpapier, Pinsel,
Wasserfarben

Die Kinder liegen im Raum verteilt auf dem
Boden (➔ S. 10). Sie hören sich die Entspannungsmusik an, zu der die Spielleitung auf einem Glockenspiel hin und wieder einen der
Töne c, d, e, g oder a anschlägt (➔ S. 17). Immer wenn die Kinder einen dieser Töne hören,
versuchen sie sich dazu eine Farbe vorzustellen.
Ist die Musik beendet, erfolgt die Zurücknahme (➔ S. 9). Danach bilden die Kinder einen
Kreis. Die Spielleitung schlägt noch einmal die
einzelnen Töne auf dem Glockenspiel an, zu
denen die Kinder ihre Farb-Assoziationen der
Reihe nach mitteilen können.

Variante für jüngere Kinder
Die Kinder sitzen am Tisch und malen zu den
Klängen des Glockenspiels jeweils einen Farb-
punkt auf das vor ihnen liegende Papier. In der
übrigen Zeit genießen sie die Entspannungsmusik.

Partner-Musikbild ⊙ Nr. 2

Alter: ab 5 Jahren
Material: Borstenpinsel, DIN-A2-Malpapier, Wasserfarben (Primärfarben)

Die Kinder setzen sich zu zweit gegenüber an einen Tisch, auf dem zwei Pinsel, ein DIN-A2-Papier und zwei Primärfarben bereitstehen. Die Kinder entscheiden sich jeweils für eine der beiden Farben und malen zu den Klängen der Musik miteinander ein großes Bild, das z. B. aus Kreisen, Punkten, Wellen, Strichen oder Flächen besteht. Dabei steht nicht ein perfektes Ergebnis im Vordergrund, sondern der Malprozess. Die Kinder sollen sehr aufmerksam für ihr Gegenüber sein und Impulse während des Malens nach Möglichkeit aufnehmen. Dabei dürfen sich die Farben miteinander vermischen, sodass durch die Kombination der beiden Primärfarben eine dritte Farbe entsteht.

Sobald die Musik beendet ist, betrachten die Kinder ihr gemeinsames Kunstwerk. Die Spielleitung schaltet die Entspannungsmusik erneut ein. Die Paare gehen dazu um die einzelnen Tische herum und betrachten die übrigen Paar-Kunstwerke.

Das bin ich! ⊙ Nr. 2

Alter: ab 5 Jahren
Material: pro Kind 1 Matte oder Decke, Malpapier und -stifte

Alle Kinder legen sich mit dem Rücken auf ihre Matte (➜ S. 10) und schließen nach Möglichkeit ihre Augen. Liegen alle Kinder bequem, schaltet die Spielleitung die Musik ein, die leise im Hintergrund erklingt. Dazu spricht sie folgenden Text:

»Stell dir vor, dass du vor einem großen Spiegel stehst. Du blickst hinein und erkennst dich. Welche Haarfarbe hast du? Schau dir deine Haare genau an ⊚. Nun schaust du dir deine Augen an. Wie sehen sie aus? Welche Augenfarbe hast du? ⊚ Dann schaust du dir dein Gesicht ganz intensiv an. Erst die Augen, dann die Nase und schließlich den Mund. ⊚ Du lächelst und siehst jetzt fröhlich aus. Nun blickst du im Spiegel auf deine Kleidung. Welches Oberteil trägst du? Etwas mit langem oder kurzem Arm? Welche Farbe hat dein Oberteil? Ist es einfarbig oder bunt? ⊚ Du schaust dir nun im Spiegel deine Beine an. Trägst du eine Hose oder vielleicht einen Rock? Lang oder kurz? Einfarbig oder bunt? ⊚ Du stehst mit erhobenem Kopf vor dem Spiegel, fühlst dich wohl in deiner Haut und sagst ganz stolz: Das bin ich!«

Die Kinder bleiben so lange liegen, bis die Musik beendet ist. Danach erfolgt die Zurücknahme (➜ S. 9). Am Ende setzen sich alle Kinder um einen Tisch herum und malen sich so, wie sie sich sehen.

Mein Kuscheltier ● Nr. 2

Alter: ab 4 Jahren
Material: pro Kind 1 Kuscheltier und
1 Augenbinde und 1 Matte oder Decke,
Triangel

Welches ist mein Kuscheltier?

Die Kinder setzen sich mit ihrem Kuscheltier in einen engen Kreis auf den Boden. Sie betrachten und betasten ihr Kuscheltier sehr sorgfältig, bevor sie es nach einer Weile vor sich ablegen. Sie lassen sich von der Spielleitung die Augen verbinden und bekommen alle eines der anderen Kuscheltiere in die Hände gelegt, das sie genau betasten.

Ist der Klang der Triangel zu hören, reichen die Kinder die Kuscheltiere im Uhrzeigersinn weiter und betasten das nächste Kuscheltier usw. Wer glaubt, sein eigenes Kuscheltier in der Hand zu halten, rutscht ein Stück nach hinten aus dem Kreis heraus und überprüft seine Vermutung, indem er die Augenbinde hochschiebt.

Sollte es nicht das richtige Kuscheltier sein, rutscht das Kind wieder in den Kreis zurück und spielt weiter. Stimmt die Vermutung, bleibt es außerhalb des Kreises sitzen und die übrigen Kinder rutschen beim Weiterreichen der Kuscheltiere enger zusammen. Haben am Ende alle Kinder ihr eigenes Kuscheltier wiedergefunden?

Hinweis: Wenn die Kinder ihr persönliches Kuscheltier von zu Hause mitbringen, sollte vor dem Spiel geklärt werden, ob sie bereit sind, es durch den Kreis wandern und von allen betasten zu lassen!

Fantasiereise

Die Kinder legen sich in entspannter Rückenlage mit ihrem Kuscheltier auf eine Matte (➜ S. 10) und schließen die Augen. Das Kuscheltier ruht entweder im Arm des Kindes oder auf seinem Oberkörper. Die Spielleitung stellt die Entspannungsmusik leise an und liest oder spricht den folgenden Text langsam und ruhig mit vielen Pausen (◉).

Wenn du dich heute auf deiner Matte ausruhen und entspannen möchtest, wartet etwas Schönes auf dich: dein Kuscheltier! Du berührst dein Kuscheltier ganz sanft und es fühlt sich sehr angenehm unter deinen Händen an. Dein Kuscheltier ist immer für dich da. Es hilft dir heute zur Ruhe zu kommen und dich zu entspannen.

Du fühlst dich wohl und geborgen. Du bist ganz ruhig und entspannt. ◉

Du streichelst behutsam dein Kuscheltier, das dir so vertraut ist. Dein Kuscheltier wirkt stark und selbstbewusst auf dich. Es ist die gleiche Stärke, die auch in dir ist. Dein Kuscheltier liegt ganz entspannt und schwer neben dir. Es ist schön, ein Kuscheltier an der Seite zu haben.

Die Ruhe und Schwere des Kuscheltiers überträgt sich auf dich und gibt dir neue Kraft. Deine Arme und Beine sind ganz schwer. Du bist ganz ruhig, entspannt und schwer. ◎

Du spürst die Nähe von deinem Kuscheltier, die dir gut tut. Wann immer du möchtest, kannst du mit deinem Kuscheltier spielen und ihm all deine Sorgen und Wünsche anvertrauen. Dein Kuscheltier ist ein geduldiger Zuhörer und schaut dich stets liebevoll an.

Du fühlst dich wohl und bist ganz ruhig. Du streichelst dein Kuscheltier, das sich ganz weich und warm anfühlt. Auch deine Arme und Beine sind warm. Es ist ein schönes Gefühl. Du spürst, wie nun dein ganzer Körper angenehm warm ist. ◎

Dein Kuscheltier hilft dir auch beim Einschlafen. Denn du fühlst dich mit deinem Kuscheltier im Bett überhaupt nicht alleine. Du bist froh, so ein Kuscheltier an deiner Seite zu haben, dem du so manches, was du tagsüber erlebt hast, vor dem Einschlafen erzählen kannst.

Du bist ganz ruhig und entspannt. Dein Atem geht ein und aus, ein und aus. Du atmest gleichmäßig und ganz von allein. ◎

So bleibst du noch ein wenig liegen und ruhst dich aus. Du weißt jetzt, dass du nur dein Kuscheltier zu holen brauchst, wenn du zur Ruhe kommen oder gut einschlafen möchtest. ◎

Zurücknahme
Und dann kehrst du langsam wieder mit deiner Aufmerksamkeit in den Raum zurück. Du ballst deine Hände zu Fäusten ... (→ S. 29)
Nun nimmst du dein Kuscheltier in die Arme und rufst laut:
»Mein Kuscheltier, das lieb ich sehr!
Es macht mich ruhig und noch viel mehr!«

Der Apfelbaum ◉ Nr. 2

Alter: ab 5 Jahren
Material: pro Kind 1 Apfel und 1 Augenbinde und 1 Matte oder Decke

Apfel mit allen Sinnen

Alle Kinder sitzen mit verbundenen Augen im Stuhlkreis und bekommen von der Spielleitung einen Apfel gereicht, den sie behutsam abtasten. Wie fühlt sich der Apfel an? Glatt, rau oder hat er vielleicht eine kleine Delle? Die Kinder teilen nacheinander ihre Wahrnehmung mit. Danach riechen sie an ihrem Apfel und beißen genüsslich hinein. Schmecken alle Äpfel süß und saftig oder gibt es auch säuerlich schmeckende? Die Kinder geben der Reihe nach Antwort und nehmen danach ihre Augenbinden ab. Wie sehen die Äpfel aus? Wer hat den Größten erhalten? Und wer hat einen roten oder gelbgrünen Apfel in der Hand? Die Kinder tauschen sich gegenseitig aus.

Hinweis: Folgt im Anschluss die Fantasiereise, legen die Kinder ihren Apfel für später auf ihren Stuhl zurück.

Fantasiereise

Die Kinder legen sich entspannt mit dem Rücken auf eine Matte (➔ S. 10). Wer mag, schließt die Augen und lauscht der Entspannungsmusik und der Spielleitung, die den folgenden Text langsam und ruhig mit vielen Pausen (◉) vorliest oder spricht.

Wenn du bequem liegst, stell dir vor, dass du einen Spaziergang machst. Bis vor ein paar Minuten hat es geregnet. Inzwischen ist aber die Sonne wieder hervorgekommen und die Wolken geben einen frisch gewaschenen blauen Himmel frei. Am Horizont ist ein großer Regenbogen in Rot, Orange, Gelb, Grün, Blau und Violett zu sehen. Du bleibst stehen, betrachtest die Farben des Regenbogens und atmest die frische Luft ein, die dir so gut tut.

Du bist ganz ruhig und spürst die Ruhe der Natur um dich herum. ◉

Du gehst weiter und schaust dir die Landschaft genau an. Du siehst eine wunderschöne Wiesenblume. Du schlenderst über das grüne Gras und siehst dir alles an. Inzwischen bist du schon eine ganze Weile unterwegs. Du fühlst bei jedem Schritt, wie schwer deine Beine sind. Auch deine Arme sind ganz schwer geworden.

Deine Arme und Beine sind ganz schwer. Spüre, wie schwer deine Arme und Beine sind. Ganz schwer fühlt sich auch dein Körper an. Du bist ganz schwer. ◉

Direkt vor dir auf der Wiese taucht jetzt ein Apfelbaum auf. Die Sonnenstrahlen tauchen den Baum in ein helles, warmes Licht. Der Apfelbaum genießt genau wie du das Licht und die Wärme der Sonne, ohne die kein Leben auf der Erde möglich wäre.

Du bist ganz ruhig und entspannt. Die Sonne scheint angenehm warm auf dich herab. Deine Arme und Beine sind angenehm warm. Du spürst, wie die Sonne deinen ganzen Körper wärmt. Du bist angenehm warm. ◉

Du breitest deine Arme aus und umarmst den rotbraunen, knorrigen Stamm des Apfelbaums. Deine Fingerspitzen streicheln sanft die runzelige Rinde, die Haut des Baumes.

Du fühlst dich geborgen. Du fühlst die Schwere des Apfelbaums und die Wärme der Sonne. Du bist ganz ruhig, schwer und warm. ◉

Der Apfelbaum wirkt sehr robust und hat ausladende Äste. Daran hängen viele reife Äpfel, von denen du gerne probieren möchtest. Du pflückst einen gelbgrünen Apfel, der nur ein kleines Stück über deinem Kopf hängt, und riechst daran. Du schließt deine Augen und beißt ganz genüsslich hinein. Du kaust langsam und freust dich, dass dein Apfel süß und saftig schmeckt.

Du fühlst dich wohl und bist ganz ruhig. ◉

Du schaust hinauf zur Baumkrone, unter der du dich gerne etwas ausruhen möchtest. Du legst dich neben dem Baumstamm ins weiche Gras, das die Sonne schon wieder getrocknet hat, und machst es dir bequem. Du schaust zu den grünen Blättern des Apfelbaums, die sich weit ausbreiten, um möglichst viel Sonnenlicht zu erhalten. Voller Freude betrachtest du die Baumkrone, die vom Sonnenlicht durchflutet ist. Ein leichter Wind wiegt die Zweige hin und her, hin und her.

Du bist ganz ruhig. Dein Atem geht ein und aus, ein und aus. Du atmest gleichmäßig und ganz von allein. Tief in dir spürst du die Stille, aus der du neue Kraft schöpfst. ◎

Dann stehst du langsam wieder aus dem Gras auf. Du verabschiedest dich von deinem Apfelbaum und machst dich auf den Heimweg. Du weißt jetzt, dass du nur zu deinem Apfelbaum gehen brauchst, wenn du wieder einmal Kraft tanken möchtest.

Zurücknahme
Langsam kehrst du wieder in den Raum zurück. Du machst zwei Fäuste ... (➜ S. 29) Du rufst laut:
»Ich bin stark wie ein Baum!
Das ist wahr und kein Traum!

Hinweis: Am Ende der Fantasiereise findet ein Erfahrungsaustausch statt, bei dem jedes Kind seinen angebissenen Apfel genüsslich verspeist.

Im Wald und auf der Wiese

Kinder klettern mit Begeisterung auf Bäume, beobachten Tiere und Pflanzen unter der Lupe, freuen sich über das Pfeifen der Vögel und sammeln leidenschaftlich gern Naturmaterialien. Dabei machen sie erste elementare Erfahrungen mit der Natur und besinnen sich darauf, was sie ihnen im Frühjahr, Sommer, Herbst und Winter schenkt. So bietet z. B. ein Aufenthalt im Wald sowohl Raum für Entdeckungen als auch zum Innehalten und Entspannen.

In diesem Kapitel sind Ruhe- und Wahrnehmungsspiele sowie zwei Fantasiereisen zum Thema zusammengestellt. Da die Natur einen wunderbaren Rahmen für Ruhe- und Achtsamkeitserlebnisse sowie zum Krafttanken bietet, gibt es einige Angebote, die sich speziell für draußen eignen. Dabei lernen die Kinder sich in aller Ruhe mit den Lebensräumen Wald und Wiese auseinanderzusetzen, diese zu schätzen, zu genießen und sich nicht zuletzt in der freien Natur zu erholen. Ihre Erlebnisse draußen können die Kinder später in der Einrichtung vertiefen und erweitern. Daneben laden viele spielerische Angebote auch an Regentagen zu intensiven, sinnlichen Ruheerlebnissen von Wald und Wiese ein.

Was summt denn da?

Alter: ab 5 Jahren
Material: pro Kind 1 Sitzkissen oder Decke
Ort: Waldlichtung oder Wiese

An einem warmen Frühjahrstag oder im Sommer machen die Kinder einen Ausflug zu einer Waldlichtung oder einer Wiese. Sie setzen sich an einem schönen Platz auf ein Kissen oder eine Decke und lehnen sich evtl. mit dem Rücken an einen Baumstamm.

Die Spielleitung teilt die Kinder in zwei Gruppen ein. Die erste Gruppe versucht alle Tiergeräusche wahrzunehmen, z. B. das Zwitschern der Vögel, das Summen der Bienen, das Klopfen eines Spechts oder gar einen Kuckucksruf. Die zweite Gruppe achtet auf alle anderen Geräusche, z. B. das Rauschen des Windes, das Rascheln der Blätter, das Motorengeräusch einer Motorsäge oder das Husten des Nachbarkindes. Wer mag, schließt seine Augen und alle Kinder lauschen für ca. eine Minute in die Umgebung.

Danach kommen beide Gruppen im Kreis zusammen und erzählen sich, was sie alles gehört haben. Am Ende wiederholen die Gruppen das Spiel mit vertauschten Rollen.

Variante

Die Kinder achten nur auf ein bestimmtes Geräusch, z. B. das Vogelgezwitscher oder das Rauschen des Windes. Nach ca. einer Minute kommen die Kinder zusammen. Konnten sie das Geräusch wahrnehmen? Können sie es nachahmen? Wie klang es in ihren Ohren? Ist es laut oder leise gewesen, angenehm oder unangenehm?

Kleine Kostbarkeiten ⊙ Nr. 3

Alter: ab 5 Jahren
Material: pro Kind 1 Lupe, Klangschale, Digitalkamera, Farbdrucker
Ort: Wald oder Wiese und Innenraum

Im Wald oder auf der Wiese suchen sich alle Kinder z. B. einen Baum, eine Blume, einen Strauch, einen Stein, eine Wurzel etc. aus. Sie knien sich davor auf den Boden und betrachten ihre gefundene Kostbarkeit mithilfe ihrer Lupen ausführlich und ganz in Ruhe, ohne miteinander zu sprechen. Welche Details fallen den Kindern auf, die sie ohne Lupe gar nicht oder nur schlecht wahrnehmen können? Nach einer Weile schlägt die Spielleitung die Klangschale an. Nun darf jeweils eines der Kinder die anderen zu seiner Kostbarkeit führen. Es zeigt der Gruppe die Besonderheiten, beschreibt seinen Blick durch die Lupe und jedes Fundstück wird fotografiert.

Zurück in der Einrichtung erhält jedes Kind sein mit einem Farbdrucker groß ausgedrucktes Foto. Alle Kinder setzen sich mit ihren Bildern in einen Kreis und die Spielleitung schaltet leise die Entspannungsmusik ein. Die Kinder betrachten die einzelnen Bilder in aller Ruhe und lauschen der Musik. Dabei schließen sie immer wieder kurz die Augen, um die Bilder wirken zu lassen.

Ist die Musik beendet, dürfen die Kinder der Reihe nach ihr Bild vorstellen und dabei etwas über den Ort, an dem sie ihre Kostbarkeit gefunden haben, erzählen.

Der starke Baum

Alter: ab 5 Jahren
Material: pro Kind mehrere Decken oder
1 Sitzkissen
Ort: Wald oder Wiese mit Bäumen

Die Spielleitung sucht mit den Kindern im Außengelände oder im Wald drei oder mehr große Laubbäume, die beieinander stehen. Die Kinder setzen sich um die Bäume herum und lehnen sich mit dem Rücken gegen deren dicke Stämme. Die Spielleitung spricht dazu den folgenden Text:

»Lehne dich entspannt mit dem Rücken gegen den Stamm deines Baumes. Spüre seine Kraft, seine Stabilität, die dir Halt gibt, und seine Lebendigkeit. ◉
Stell dir einmal vor, wie der Baum mit seinen Wurzeln das lebensnotwendige Wasser und wichtige Nährsalze ganz tief aus der Erde zieht. Dort unten leben viele kleine Bodentiere wie Regenwürmer, Schnecken und Asseln. Sie sorgen z. B. dafür, dass der Erdboden immer schön locker bleibt und das Wasser gut speichern kann. Auf diese Weise kann dein Baum seine Wurzeln weiterhin leicht ausstrecken und damit hervorragend Wasser aufnehmen. ◉
Dein Baum ist groß und stark. Er bietet vielen Tieren Nahrung und Unterschlupf. Vielleicht kannst du in der Baumkrone einen Vogel in seinem Nest zwitschern hören? Oder du stellst dir vor, wie sich gerade eine Raupe durch ein grünes Blatt frisst oder ein Eichhörnchen vergnügt zwischen den Ästen hin- und herspringt ...« ◉

Nach einer Weile ballen die Kinder ihre Hände zu Fäusten ... (→ S. 9 „Zurücknahme"). Wer mag, erzählt den anderen, was er gehört und erlebt hat.

Wald- und Wiesen-Mandala

Alter: ab 5 Jahren
Ort: Wald oder Wiese

Die Kinder sammeln auf einem Waldspaziergang große Mengen gleicher und unterschiedlicher Materialien, z. B. Stöcke, Zweige, Wurzeln, Steine, Blätter, Zapfen, Kastanien, Bucheckern, Nüsse, Rindenstücke, Moos, Tannennadeln ... Alternativ sammeln sie bei einem Wiesenspaziergang z. B. Grashalme, Gänseblümchen, Löwenzahn, Steine, Blätter oder Zweige von Obstbäumen etc.

Daraus gestalten die Kinder gemeinsam nach ihren eigenen Vorstellungen ein riesiges Mandala auf dem Wald- oder Wiesenboden, indem

Wie fühlt sich die Wiese an?

Alter: ab 5 Jahren
Material: pro Kind 1 Matte oder Decke,
Malpapier, Wachsmalstifte
Ort: Wiese

Die Kinder machen bei schönem Wetter mit der Spielleitung einen Spaziergang zu einer Wiese. Dort legen sich alle entspannt mit dem Rücken auf eine Matte (➜ S. 10). Sie schließen nach Möglichkeit die Augen, strecken ihre Arme weit zur Seite aus und ertasten die Wiese mit den Händen. Wie fühlt sich das Gras an? Ist es weich oder hart? Warm oder kalt? Angenehm oder unangenehm? Wächst das Gras dicht oder fühlen sie Erde und kleine Steinchen dazwischen? Und was kann dort alles wachsen? Vielleicht gibt es auf der Wiese Gänseblümchen oder Schlüsselblumen?

Die Kinder tasten so viel wie möglich von dem Wiesenbereich um sie herum im Liegen ab. Zum Schluss bleiben sie eine Weile ruhig liegen und stellen sich vor, wie die Wiese um sie herum aussieht, wenn sie die Augen öffnen.

Danach erfolgt die Zurücknahme (➜ S. 9), bevor sich alle Kinder im Kreis zusammensetzen und erzählen, was sie gespürt und sich alles vorgestellt haben.

Wer möchte, malt zurück in der Einrichtung ein Bild von seiner Fantasie-Wiese.

sie aus jeweils einem Material kreisförmige Ringe um die Mitte herum streuen oder legen. Ist das Mandala fertig, stellen sich alle Kinder darum herum und lassen es noch einmal als Ganzes auf sich wirken. Wer mag, kann hin und wieder kurz die Augen schließen und ausprobieren, ob er das Mandala trotzdem noch vor seinem inneren Auge sehen kann.

Die Kinder statten ihrem Mandala in den nächsten Tagen immer mal wieder einen Besuch ab, um zu sehen, wie sich die Materialien unter Einwirkung der Naturprozesse verändert haben. Vielleicht sind die Blüten bereits verwelkt oder der Wind hat Blätter fortgetragen, vielleicht krabbeln auf einem Rindenstück kleine Insekten oder ein Eichhörnchen hat sich über die Nüsse gefreut. Es ist spannend zu sehen, wie das Mandala nach und nach zerfällt und sich die Natur alles wieder aneignet.

Wolken ziehen

Alter: ab 4 Jahren
Material: pro Kind 1 Decke oder Matte und
1 hellblaues DIN-A3-Tonpapier mit Malunterlage, mehrere weiße Fingerfarben
Ort: Wiese oder Garten

An einem leicht bewölkten, aber nicht zu kühlen Tag suchen sich die Kinder auf einer Wiese oder im Außenbereich ein ruhiges Plätzchen. Dort legen sie sich mit der Spielleitung entspannt mit dem Rücken auf ihre Matten (➜ S. 10). Während alle die Wolken beobachten, die langsam weit über ihnen vorbeiziehen, sagt die Spielleitung z.B.: »*Schau dir die Wolken, die weit über dir vorbeiziehen, genau an. Vielleicht siehst du eine besonders runde oder eckige Wolke? Vielleicht gefällt dir eine von ihnen besonders gut? Oder du entdeckst ein Tier oder eine Figur in einer Wolke ...?*«
Die Kinder lassen die Wolken noch eine Weile auf sich wirken, ehe die Zurücknahme erfolgt (➜ S. 9). Nun kommen die Kinder mit ihren Matten im Kreis zusammen. Alle erhalten eine Malunterlage mit dem Tonpapier und in der Mitte werden mehrere Fingerfarben-Töpfe aufgestellt. Die Kinder malen damit eine oder mehrere Wolken, die sie am Himmel gesehen haben. So entstehen Schäfchen-Wolken, Wolken-Hochhaustürme, Herz-Wolken u.v.m.

Es duftet so herrlich!

Alter: ab 5 Jahren
Material: pro Kind 1 Sitzkissen, Klangschale
Ort: Wiese oder Wald

Im Wald oder auf der Wiese suchen sich alle Kinder ein duftendes Naturmaterial, z.B. eine Blume, etwas Moos, Gras, Zapfen o.Ä. Haben alle etwas gefunden, bilden die Kinder einen oder mehrere Sitzkreise mit jeweils fünf bis acht Kindern. Schlägt die Spielleitung die Klangschale an, riechen alle an ihren Naturmaterialien. Ist der Klang nicht mehr zu hören, behalten sie ihr Material in den Händen und schließen die Augen, um dem Geruch nachzuspüren. Beim nächsten Ton übergeben sie ihr Naturmaterial dem Kind rechts von ihnen, um das Spiel auf die gleiche Art zu wiederholen.
Erst wenn alle Kinder wieder ihr ursprüngliches Material in den Händen halten, ist die Runde beendet. Die Kinder tauschen sich aus: Wie haben sie die verschiedenen Düfte wahrgenommen? War jeder Duft angenehm? Welchen haben sie noch besonders in der Nase?
Hinweis: Es sollte im Vorfeld mit den Eltern abgeklärt werden, ob eines der Kinder allergisch auf bestimmte Naturmaterialien reagiert. Dementsprechend sortiert die Spielleitung diese Materialien aus.

Vögel, Schmetterlinge & Co.

Alter: ab 4 Jahren
Material: pro Kind 1 Matte oder Decke,
DIN-A3-Malpapier, Wachsmalstifte
Ort: Wiese

Alle Kinder suchen sich einen Platz auf einer Wiese und legen sich mit dem Rücken auf ihre Matte oder Decke (➜ S. 10). Sie haben ihren Blick zum Himmel gerichtet.
Die Spielleitung sagt: »*Stell dir vor, aus deinen Armen werden Flügel. Du trägst ein schönes farbenfrohes Federkleid und erkennst: Du bist ein prächtiger Vogel!* ◉
Du fliegst vergnügt durch die Lüfte und genießt deine Freiheit. Vielleicht kannst du einen anderen Vogel entdecken? ◉
Vielleicht siehst du ein Insekt wie einen Schmetterling, eine Biene oder einen Käfer herumfliegen? ◉
Vielleicht siehst du weit über dir auch nur ein paar Wolken langsam vorüberziehen? ◉

Du fliegst ganz ruhig durch die Lüfte und freust dich, wenn du etwas Lebendiges fliegen siehst. Du bewunderst die weit über dir langsam vorüberziehenden Wolken. ◉
Nach einer Weile möchtest du dich ein wenig ausruhen. Unter dir breitet sich die große, grüne Wiese aus, auf der einige Bäume stehen und Wiesenblumen wachsen. Du fliegst langsam zur Wiese zurück und landest im weichen Gras. Deine Flügel verwandeln sich wieder zurück in deine Arme und das Federkleid tauschst du gegen deine Kleidungsstücke aus. ◉
Du bleibst noch ein Weilchen liegen und schöpfst ein wenig Kraft. Und wenn du dich genug ausgeruht hast, ballst du deine Hände zu Fäusten ...« (➜ S. 29).
Nach der Zurücknahme bilden die Kinder einen Kreis und berichten, ob sie tatsächlich einen Vogel, einen Schmetterling oder eine Biene in den Lüften entdecken konnten oder in die ziehenden Wolken geschaut haben.
Abschließend malen alle Kinder ein Bild, das sie als Vogel zeigt.

Blätter-Mandala　　　　　⊙ Nr. 3

Alter: ab 4 Jahren
Material: 1 Baumscheibe, 1 leeres (Gurken-) Glas, 1 Teelicht, Feuerzeug, viele Blätter von drei verschiedenen Baumarten (z. B. Ahorn, Kastanie und Eiche)

Die Kinder bilden einen engen Kreis, in dessen Mitte die Spielleitung eine Baumscheibe legt. Sie erklärt, wie sich anhand der Jahresringe das Alter des Baumes bestimmen lässt. Auf die Baumscheibe stellt die Spielleitung das Glas mit dem brennenden Teelicht darin als Mittelpunkt für ein Mandala.
Jeweils ein Drittel der Kinder, die nicht nebeneinander im Kreis stehen, erhält mehrere Blätter einer Baumart. Alle schauen sich ihre Blätter genau an und vergleichen sie mit denen der anderen Kinder. Wie heißen die zugehörigen Bäume und wie unterscheiden sich die Blätter voneinander?
Die Spielleitung stellt die Entspannungsmusik an, die mit der Kerze für eine ruhige und achtsame Atmosphäre sorgt, zu der die Kinder miteinander ein Blätter-Mandala gestalten. Dazu deutet die Spielleitung auf ein beliebiges Kind, das seine Blätter in die Luft hält. Alle Kinder, die die gleichen Blätter in den Händen halten, gehen gemeinsam zur Mitte, um sie nach und nach ringförmig um die Baumscheibe herum zu legen. Anschließend gehen sie wieder auf ihren Platz zurück und die Spielleitung deutet auf ein weiteres Kind, das die zweite Blätter-Runde beginnt, bis am Ende ein Mandala aus drei Blätter-Ringen entstanden ist.
Alle Kinder fassen sich an den Händen und gehen zur Musik ganz langsam miteinander um das Mandala im Kreis herum. Nach einer gewissen Zeit ändert die Spielleitung die Bewegungsrichtung, bevor am Ende alle stehen bleiben und ein letztes Mal ihr gemeinsames Mandala bewundern.

Spürst du den Igel?

Alter: ab 5 Jahren
Material: pro Kinderpaar 1 Matte oder Decke und 1 Igelball, kleine Tüte voll Laub

Die Kinder gehen zu zweit zusammen. Eines der beiden Kinder legt sich bequem mit dem Bauch auf die Matte. Das Partnerkind kniet mit dem Igelball daneben und lässt den Ball auf dem Rücken des liegenden Kindes ruhen. Die Spielleitung erklärt, dass der Igel im Herbst immer auf Futtersuche geht, weil er ein Winterschläfer ist. Sobald der Igel im raschelnden Laub zu hören ist, bewegt er sich über den Rücken des liegenden Kindes: Die knienden Kinder lauschen mit geschlossenen Augen in die Stille, bis die Spielleitung eine Hand in die Tüte steckt und damit das Herbstlaub zum Knistern bringt. Nun rollen die Kinder den Igelball mit leichtem Druck über Schultern, Rücken, Arme und Beine ihres Partnerkindes. Ist nach einiger Zeit erneut das Rascheln der Blätter zu hören, verkriecht sich der Igel wieder im Laub und bleibt dort zusammengerollt liegen – die Kinder lassen die Bälle wieder auf dem Rücken ihrer Partnerkinder ruhen. ⊙
Die Spielleitung sagt: »*Ist der Igel satt und rund, hält er Winterschlaf und träumt vom Frühling, von den duftenden Wiesenblumen, dem grünen, weichen Gras und den vielen Schmetterlingen, die durch die Lüfte flattern.* ⊙
Und während der Igel so vor sich hin träumt und auf den Frühling wartet, dürfen alle Kinder ihr liegendes Partnerkind sanft wecken und diesem behutsam über den Kopf streichen.«

Die Kinder bilden zwei Fäuste ... (→ S. 9 „Zurücknahme"). Danach tauschen die Kinder die Rollen.

Hinweis: Die Spielleitung achtet darauf, dass die Kinder nicht mit dem Ball *auf* der Wirbelsäule massieren oder an anderen unangenehmen Stellen wie z. B. dem Gesicht.

Wald-Farbbilder ◉ Nr. 3

Alter: ab 5 Jahren
Material: Tapetenrolle, Klebeband, grüne und braune Fingerfarben; evtl. Naturmaterialien (z. B. gepresste Pflanzenblätter und Blüten), Alleskleber

Die Spielleitung klebt ein breites Stück Tapetenrolle an eine freie Wand und stellt die Fingerfarben auf dem Boden davor bereit. Die Kinder lassen sich von der leise erklingenden Entspannungsmusik inspirieren und bemalen die Tapete gemeinsam in Grün- und Brauntönen zum Thema »Wald«. Dabei können konkrete Bilder entstehen oder abstrakte Farbassoziationen. Die Kinder versuchen dabei nicht miteinander zu sprechen.

Erst wenn die Musik verklungen und das Bild fertig ist, treten alle einen Schritt zurück und betrachten das Gesamtkunstwerk. Wie ist es ihnen beim Malen nach Musik ergangen? Was sehen sie alles auf dem Bild?

Variante

Die Kinder gestalten auf einem Tapetenstück auf dem Boden eine große gemeinsame Collage aus Naturmaterialien, die sich aufkleben lassen. Wie bei den Wald-Farbbildern geschieht das ohne Absprachen in einer meditativen Atmosphäre, die durch die Musik unterstützt wird.

Vielfältige Wald-Mandalas

◉ Nr. 3

Alter: ab 5 Jahren
Material: Naturmaterialien (z. B. Moos, Zapfen, kleine Steine, Blätter, Kastanien, Eicheln ...), pro Kind 1 Gymnastikreifen, Kreide oder pro Kind 1 Seil, Triangel

Die Kinder machen einen Waldspaziergang und sammeln größere Mengen verschiedener Naturmaterialien.

Zurück in der Einrichtung bilden sie einen großen Kreis aus Gymnastikreifen. Die Spielleitung markiert mit Kreide oder einem Seil innerhalb jedes Reifens von der Mitte ausgehend eine Spirale. Jedes Kind gestaltet aus einem der Reifen ein Mandala, indem es von der Mitte ausgehend die Naturmaterialien auslegt und so die Zwischenräume der Spiralform füllt. Dabei werden die Materialien nicht bunt gemischt, sondern immer viele gleiche Arten aneinandergereiht (s. Abb.). Dazu erklingt bis zum Ende der Aktion die Entspannungsmusik.

Sind alle Mandalas fertig, schlägt die Spielleitung die Triangel an. Auf dieses Signal hin stellen sich alle Kinder vor ihrem Mandala auf, um es als Ganzes auf sich wirken zu lassen. Beim nächsten Klang der Triangel gehen alle Kinder einen Platz nach rechts weiter zum nächsten Mandala, das sie in Ruhe betrachten. Auf diese Weise wird das Spiel fortgesetzt, bis alle Kinder wieder vor ihrem eigenen Mandala stehen.

Wiesen-Tupferbild ⦿ Nr. 3

Alter: ab 5 Jahren
Material: Tapetenrolle, Klebeband, Finger-farben in unterschiedlichen Grüntönen, Malpapier, Buntstifte, Scheren, doppelseitiges Klebeband

Die Spielleitung befestigt ein großes Stück Ta-petenrolle mit Klebeband auf dem Boden und stellt die Fingerfarben bereit. Die Kinder set-zen sich um die Tapetenrolle herum und ma-len zur Entspannungsmusik mit einem Finger lauter kleine grüne Tupfer auf die Tapete, so-dass eine riesige Wiese aus Grashalmen ent-steht. Die ruhigen, gleichmäßigen Farbtupfer unterstützen den meditativen Charakter die-ser Malaktion.

Ist die ganze Tapetenrolle mit Grashalmen übersät, setzen sich alle Kinder - nach einer Händewaschpause - um einen Tisch herum. Alle erhalten ein ca. 12 × 12 cm großes Stück Papier, das sie mit einer großen, bunten Blu-menblüte bemalen. Dazu erklingt erneut die Entspannungsmusik. Die Kinder schneiden ihre fertige Blüte aus und kleben alle bunt ver-teilt auf ihre gemeinsame Blumenwiese. Dazu befestigen sie ein kleines Stück doppelseitiges Klebeband in die Mitte der Blüte, sodass die Ränder leicht vom Untergrund abstehen kön-nen und die Blüten eine Art 3-D-Effekt erzeu-gen.

Das Gesamtkunstwerk wird z. B. im Flur der Einrichtung oder einer anderen freien Wand-fläche aufgehängt.

Waldtier-Massage

Alter: ab 4 Jahren

Die Kinder gehen zu zweit zusammen. Eines von ihnen setzt sich rittlings auf einen Stuhl, verschränkt seine Arme auf der Lehne und legt seinen Kopf darauf ab. Das andere Kind setzt sich hinter dem Rücken des Kindes auf einen Stuhl, um es zu massieren. Dazu liest oder spricht die Spielleitung den folgenden Text, während sie bei einem der Kinder die passen-den Bewegungen vormacht:

Im großen Wald gibt's viel zu seh'n,
komm', lass ihn uns besuchen geh'n.
mit Zeige- und Mittefinger auf dem Rücken spazieren gehen
Ein Reh äst dort am Waldesrand,
schon hast du es von fern erkannt!
mit den Fingerspitzen sanft über den Rücken spazieren
Zwei Eichhörnchen - schau da, im Moos!
Sie sehen uns und springen los.
mit flacher Hand kreisförmig über den Rü-cken, die Schultern und das Becken streichen, dann Zeige- und Mittelfinger auf dem Rücken hin- und herhüpfen lassen
Am Wegrand sitzt ein Igel allein
und rollt sich zu einer Kugel ein.
mit flacher Hand kreisförmig über den Rü-cken, die Schultern und das Becken streichen
Nun wollen wir alle nach Hause geh'n
und morgen erneut nach den Tieren seh'n!
mit Zeige- und Mittefinger auf dem Rücken spazieren gehen

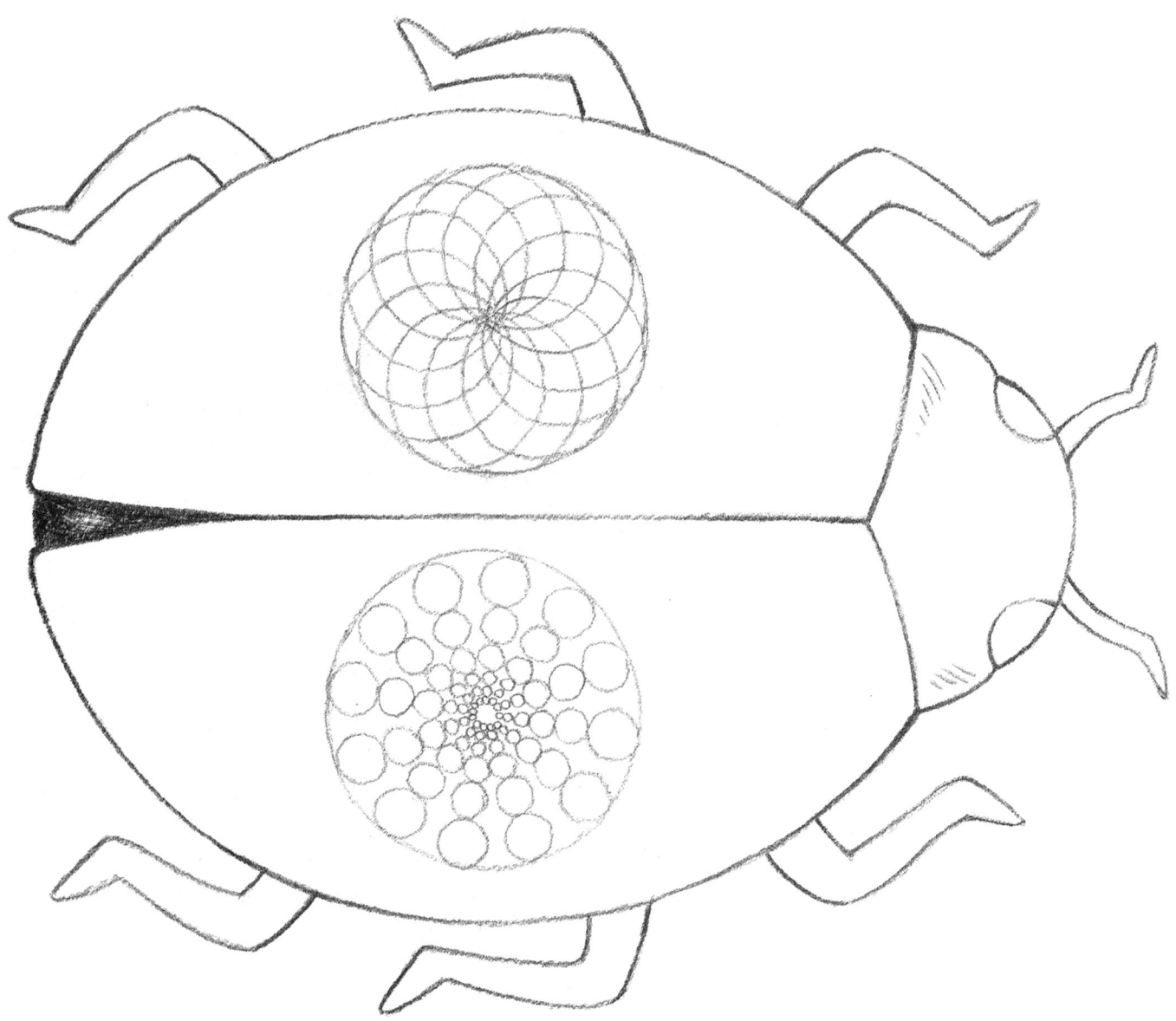

Fantasievolle Marienkäfer

Alter: ab 5 Jahren
Material: Buntstifte

Vorbereitung
Die Spielleitung kopiert für jedes Kind die Marienkäfer-Vorlage einmal auf DIN A3 vergrößert.

Spielablauf
Die Kinder setzen sich um einen Tisch mit Buntstiften herum und erhalten jeweils eine Kopie des Marienkäfers. Sie malen die beiden leeren Punkte von der Mitte ausgehend bis zum äußeren Rand entsprechend den vorgegebenen Feldern aus, bis beide Kreise ganz gefüllt sind.

Im Anschluss malen sie den Marienkäfer nach ihren farblichen Vorstellungen aus und darum herum nach Belieben eine Wiese, Himmel etc. Sind die Kunstwerke fertig, stehen die Kinder auf und betrachten die Marienkäfer der anderen Kinder.

Entspannt auf der Wiese  Nr. 3

Dieses Spiel ist eine gute Möglichkeit, um die Entspannungshaltung im Liegen spielerisch einzuüben.

Alter: ab 5 Jahren
Material: Tapetenrolle, Schere, Klebeband, pro Kind ca. 2 Gymnastikseile, Wachsmalstifte

Immer zwei Kinder gehen zusammen, schneiden sich ein Stück Tapetenrolle in ihrer Körpergröße ab und kleben es auf dem Boden fest. Während sich jeweils ein Kind entspannt mit dem Rücken auf das Papier legt (➜ S. 10), erklingt die Entspannungsmusik, zu der das Partnerkind den Körperumriss aus den Gymnastikseilen nachlegt.

Danach malt es um das liegende Kind herum Dinge, von denen dieses vielleicht gerade träumt, z. B. Gänseblümchen, Schmetterlinge, einen Marienkäfer oder eine Biene, den blauen Himmel ... Während des Malens achtet es darauf, sein Partnerkind nicht zu berühren oder auf andere Art zu stören.

Am Ende der Musik erfolgt die Zurücknahme für die liegenden Kinder (➜ S. 9). Dabei stehen die Kinder vorsichtig auf, um ihren Körperumriss nicht verrutschen zu lassen. Danach schauen sie sich an, was ihre Partnerkinder für sie gemalt haben und was alles auf der Wiese um sie herum passiert ist. Vielleicht mögen sie auch erzählen, woran sie selbst bei der Musik gedacht haben. Anschließend wechseln die Kinder ihre Rollen.

Im Wald der Tiere Nr. 3

Alter: ab 5 Jahren
Material: pro Kind 1 Matte oder Decke, Klangschale

Wer piepst denn da?

Die Kinder bilden einen Kreis und zählen Waldtiere auf, die sie akustisch darstellen können, z. B. einen Kuckuck, eine piepsende Waldmaus, eine summende Biene, einen röhrenden Hirsch oder einen klopfenden Specht.

Die Hälfte der Kinder legt sich entspannt mit dem Rücken auf eine Matte (➜ S. 10) und schließt nach Möglichkeit die Augen. Alle übrigen Kinder schleichen ganz leise zwischen ihnen herum und bleiben immer mal wieder vor einem Kind stehen, um ein Tiergeräusch nachzuahmen. Nach einer Weile schlägt die Spielleitung die Klangschale an und beendet damit das Spiel, bevor die Zurücknahme für die liegenden Kinder erfolgt (➜ S. 9).

Alle bilden einen Kreis und die Kinder, die gelauscht haben, erzählen nacheinander, welche Tiere sie gehört haben. Danach werden die Rollen getauscht.

Fantasiereise

Die Kinder legen sich in entspannter Rückenlage auf eine Matte (➜ S. 10) und schließen die Augen. Die Spielleitung stellt die Entspannungsmusik leise an und liest oder spricht den folgenden Text langsam und ruhig mit vielen Pausen (◉).

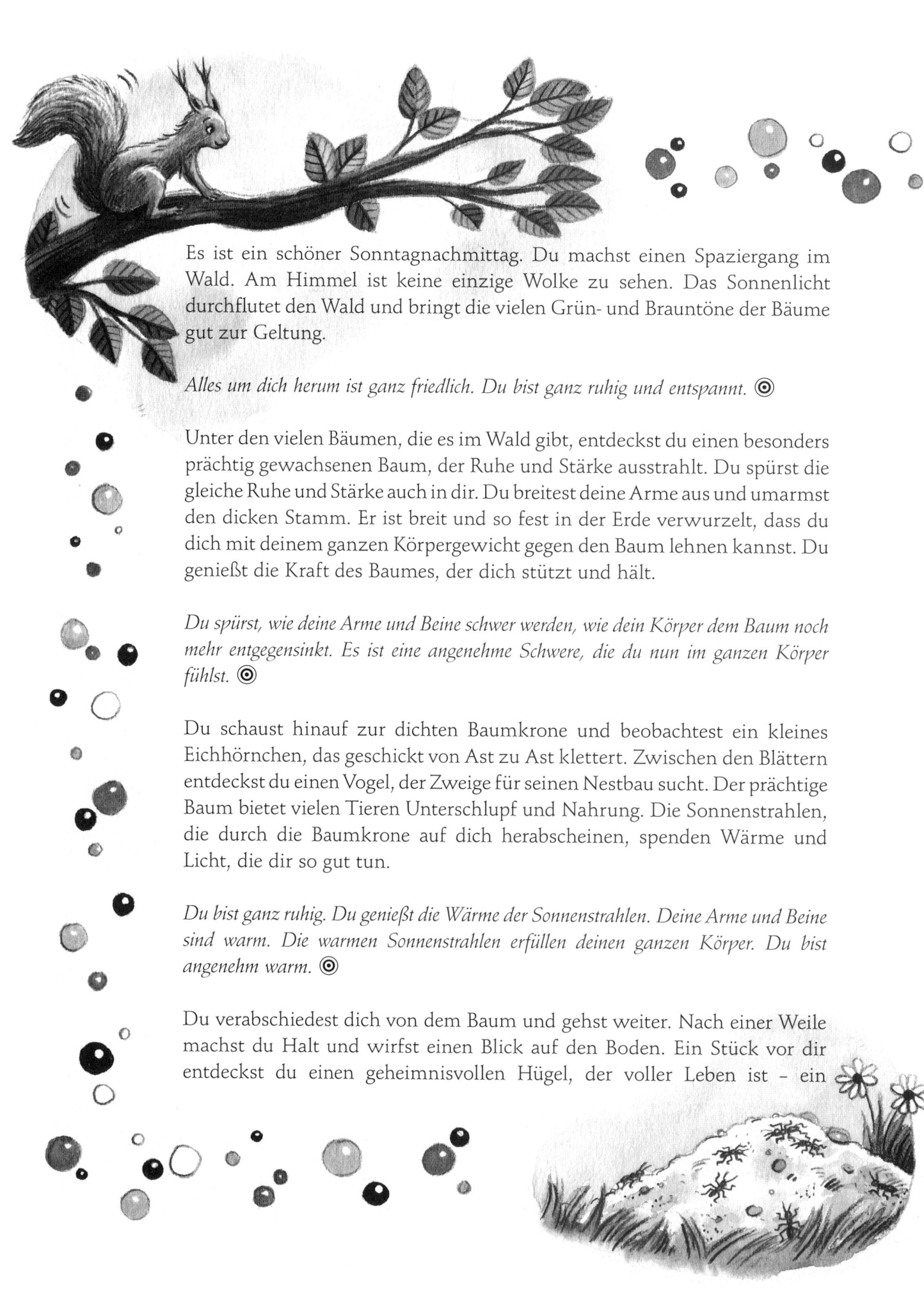

Es ist ein schöner Sonntagnachmittag. Du machst einen Spaziergang im Wald. Am Himmel ist keine einzige Wolke zu sehen. Das Sonnenlicht durchflutet den Wald und bringt die vielen Grün- und Brauntöne der Bäume gut zur Geltung.

Alles um dich herum ist ganz friedlich. Du bist ganz ruhig und entspannt. ◎

Unter den vielen Bäumen, die es im Wald gibt, entdeckst du einen besonders prächtig gewachsenen Baum, der Ruhe und Stärke ausstrahlt. Du spürst die gleiche Ruhe und Stärke auch in dir. Du breitest deine Arme aus und umarmst den dicken Stamm. Er ist breit und so fest in der Erde verwurzelt, dass du dich mit deinem ganzen Körpergewicht gegen den Baum lehnen kannst. Du genießt die Kraft des Baumes, der dich stützt und hält.

Du spürst, wie deine Arme und Beine schwer werden, wie dein Körper dem Baum noch mehr entgegensinkt. Es ist eine angenehme Schwere, die du nun im ganzen Körper fühlst. ◎

Du schaust hinauf zur dichten Baumkrone und beobachtest ein kleines Eichhörnchen, das geschickt von Ast zu Ast klettert. Zwischen den Blättern entdeckst du einen Vogel, der Zweige für seinen Nestbau sucht. Der prächtige Baum bietet vielen Tieren Unterschlupf und Nahrung. Die Sonnenstrahlen, die durch die Baumkrone auf dich herabscheinen, spenden Wärme und Licht, die dir so gut tun.

Du bist ganz ruhig. Du genießt die Wärme der Sonnenstrahlen. Deine Arme und Beine sind warm. Die warmen Sonnenstrahlen erfüllen deinen ganzen Körper. Du bist angenehm warm. ◎

Du verabschiedest dich von dem Baum und gehst weiter. Nach einer Weile machst du Halt und wirfst einen Blick auf den Boden. Ein Stück vor dir entdeckst du einen geheimnisvollen Hügel, der voller Leben ist – ein

Ameisenhaufen! Du schaust dir alles in Ruhe an und siehst, wie gut sich die winzigen Tiere untereinander verstehen. Dann richtest du deinen Blick wieder nach oben zu den vielen Bäumen im Wald. Ein leichter Wind wiegt ihre Zweige sanft hin und her.

Alles um dich herum ist ganz friedlich und Ruhe ist auch in dir. Du atmest ein und aus, ein und aus. Du atmest gleichmäßig und ganz von allein. ◉

Du verabschiedest dich von den Ameisen und gehst weiter. Da kreuzt eine kleine Schnecke deinen Weg. Langsam kriecht sie über den Waldboden und überwindet gelassen kleine Hindernisse auf ihrem Weg. Die Ruhe und Gelassenheit der Schnecke überträgt sich auf dich.

Du fühlst dich wohl und bist ganz entspannt. Du bist ruhig, schwer und warm. Dein Atem geht ein und aus, ein und aus. Du atmest gleichmäßig und ganz von allein. ◉

Du gehst langsam weiter und bleibst schließlich stehen. Von Weitem erkennst du ein Tier, das einen weißen Fleck auf seinem Hinterteil hat. Es ist ein kleiner Rehbock, der in den tiefen Wald davonspringt und bald nicht mehr zu sehen ist. Du bleibst noch ein Weilchen stehen und erinnerst dich an die vielen Waldtiere, denen du heute begegnet bist. ◉

Zurücknahme
Langsam gehst du wieder nach Hause. Dann kommst du mit deiner Aufmerksamkeit wieder hier im Raum an. Du weißt jetzt, dass du nur in Gedanken in den Wald zu gehen brauchst, um neue Kraft zu schöpfen. Du ballst deine Hände zu Fäusten ... (→ S. 29)
Du rufst laut:
»Ich fühl mich kraftvoll wie das Reh
von Kopf und Bauch bis zu den Zeh'n!«

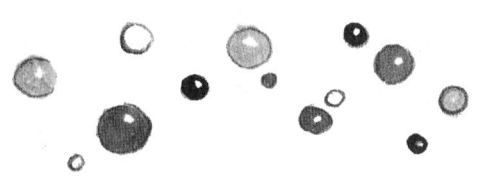

Der Vogelgesang

◉ Nr. 3

Alter: ab 5 Jahren
Material: pro Kind 1 Matte oder Decke

Vogel, piep mal!

Die Kinder sitzen mit geschlossenen Augen im Kreis. Die Spielleitung beginnt leise wie ein Vogel zu piepen. Das Kind links neben ihr antwortet nach einer kurzen Pause, dann antwortet das nächste Kind. Auf diese Weise wird das Spiel so lange weitergeführt, bis alle Kinder der Reihe nach einmal piepen konnten.

Fantasiereise

Alle Kinder legen sich entspannt mit dem Rücken auf ihre Matte (→ S. 10). Wer mag, schließt die Augen und lauscht der Entspannungsmusik. Die Spielleitung liest oder spricht dazu den folgenden Text langsam und ruhig mit vielen Pausen (◉).

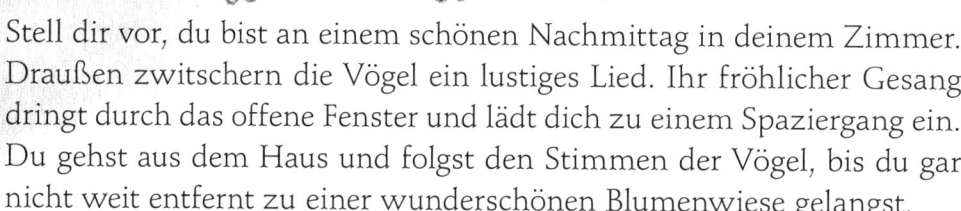

Stell dir vor, du bist an einem schönen Nachmittag in deinem Zimmer. Draußen zwitschern die Vögel ein lustiges Lied. Ihr fröhlicher Gesang dringt durch das offene Fenster und lädt dich zu einem Spaziergang ein. Du gehst aus dem Haus und folgst den Stimmen der Vögel, bis du gar nicht weit entfernt zu einer wunderschönen Blumenwiese gelangst.

Du betrittst die Blumenwiese und genießt die Ruhe um dich herum. Du bist ganz ruhig und entspannt. ◉

Langsam gehst du über die Wiese und schaust dir dabei alles in Ruhe an. Du betrachtest die gelben Wiesen-Schlüsselblumen und den rosaroten Wiesenklee, der so herrlich duftet. Eine Biene krabbelt an einem Blütenstängel und ein paar farbenfrohe Schmetterlinge flattern umher. Das rege Leben um dich herum lässt dich deine eigene Lebensfreude spüren. Du gehst langsam ohne Hast weiter. Nach einer Weile bleibst du stehen und legst dich ins weiche grüne Gras.

Du fühlst dein Körpergewicht auf das weiche Gras drücken. Deine Arme und Beine sind ganz schwer. Ganz schön schwer fühlt sich nun dein Körper an. Du bist angenehm schwer. ◉

Während du so daliegst, lauschst du wieder dem Gesang der Vögel, der dein Herz erfreut. Vielleicht handelt es sich um ein Rotkehlchen, vielleicht um eine Blaumeise oder einen Grünling, der gerade so fröhlich zwitschert.

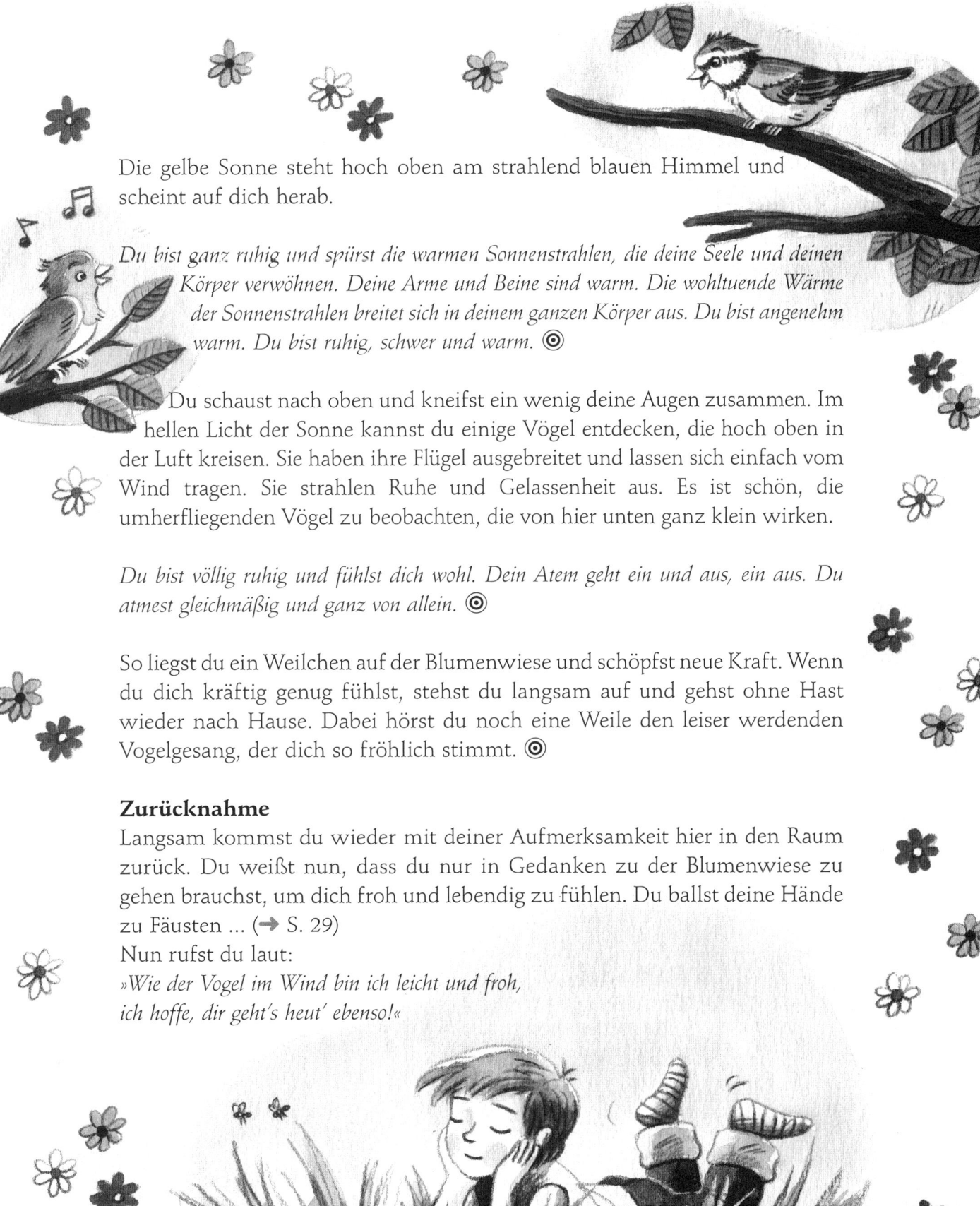

Die gelbe Sonne steht hoch oben am strahlend blauen Himmel und scheint auf dich herab.

Du bist ganz ruhig und spürst die warmen Sonnenstrahlen, die deine Seele und deinen Körper verwöhnen. Deine Arme und Beine sind warm. Die wohltuende Wärme der Sonnenstrahlen breitet sich in deinem ganzen Körper aus. Du bist angenehm warm. Du bist ruhig, schwer und warm. ◉

Du schaust nach oben und kneifst ein wenig deine Augen zusammen. Im hellen Licht der Sonne kannst du einige Vögel entdecken, die hoch oben in der Luft kreisen. Sie haben ihre Flügel ausgebreitet und lassen sich einfach vom Wind tragen. Sie strahlen Ruhe und Gelassenheit aus. Es ist schön, die umherfliegenden Vögel zu beobachten, die von hier unten ganz klein wirken.

Du bist völlig ruhig und fühlst dich wohl. Dein Atem geht ein und aus, ein aus. Du atmest gleichmäßig und ganz von allein. ◉

So liegst du ein Weilchen auf der Blumenwiese und schöpfst neue Kraft. Wenn du dich kräftig genug fühlst, stehst du langsam auf und gehst ohne Hast wieder nach Hause. Dabei hörst du noch eine Weile den leiser werdenden Vogelgesang, der dich so fröhlich stimmt. ◉

Zurücknahme

Langsam kommst du wieder mit deiner Aufmerksamkeit hier in den Raum zurück. Du weißt nun, dass du nur in Gedanken zu der Blumenwiese zu gehen brauchst, um dich froh und lebendig zu fühlen. Du ballst deine Hände zu Fäusten ... (→ S. 29)
Nun rufst du laut:
*»Wie der Vogel im Wind bin ich leicht und froh,
ich hoffe, dir geht's heut' ebenso!«*

Im Wasser und am Ufer

Kinder haben großen Gefallen am Element Wasser, das sie auf vielfältige Art nutzen und mit all ihren Sinnen erleben. Sie trinken und schmecken das Wasser, planschen gerne in der Badewanne und sind fasziniert von Tieren und Pflanzen, die in den verschiedenen Gewässern leben. Am Fluss- und Seeufer gibt es so manches zu entdecken und der Strand, den viele Kinder aus den Ferien oder vielleicht aus einem anderen Heimatland kennen, lädt zum Träumen, Sandburgenbauen und Matschen ein.

Mithilfe der Spiele und anderen Angebote zum Entspannen in diesem Kapitel erleben die Kinder sowohl die Faszination als auch die beruhigende Wirkung des Elements Wasser.

Sie tauchen ein in eine Welt unterhalb der Wasseroberfläche, wo ihnen traumhaft schöne Wasserlandschaften und Meerestiere begegnen, oder schwimmen selbst als Fisch durch das weite Meer. Sie gehen in ihrer Fantasie an einem weißen Sandstrand spazieren und entspannen sich beim leisen Plätschern der Wellen.

Daneben gibt es Anregungen für Ausflüge in die Natur: Die Kinder erforschen kleine Lebewesen an Teich, Fluss, Bach oder See, lauschen dem Fließen oder Gluckern des Wassers und kommen beim Spielen mit Naturmaterialien zur Ruhe. So entsteht ganz von selbst Achtsamkeit für den Naturraum Wasser.

Am Teichufer

Alter: ab 5 Jahren
Material: pro Kind 1 Matte oder Decke
Ort: Teich, Bach, Fluss oder See

Die Kinder machen einen Ausflug zu einem Gewässer. Sie legen sich an dessen Ufer entspannt mit dem Rücken auf ihre Matte (→ S. 10) und schließen die Augen. Nach einer kurzen Weile lenkt die Spielleitung die Aufmerksamkeit der Kinder durch Fragen auf verschiedene Eindrücke, z. B.: »*Welche Tiergeräusche hörst du? Sind die Tiergeräusche laut oder leise? Macht das stehende (fließende) Wasser Geräusche? Hörst du weitere Geräusche?*« Während die Kinder ganz entspannt daliegen, versuchen sie die einzelnen Fragen für sich selbst zu beantworten.

Danach erfolgt die Zurücknahme (→ S. 9). Die Kinder bilden aus ihren Matten einen Sitzkreis und beantworten gemeinsam die Fragen der Spielleitung, die sie noch einmal wiederholt.

Teichbilder

⊙ Nr. 4

Alter: ab 5 Jahren
Material: Digitalkamera, Beamer o. Ä., pro Kind 1 Sitzkissen, DIN-A3-Malpapier, Buntstifte; evtl. Kinder-Naturlexikon
Ort: Teich, Bach, Fluss oder See und Innenraum

Die Spielleitung sucht gemeinsam mit den Kindern ein Gewässer auf, das sie ausgiebig erkunden. Dabei machen die Kinder nach einigen Probeaufnahmen abwechselnd mithilfe der Spielleitung Fotos vom Wasser und Nahaufnahmen von kleinen Tieren oder Pflanzen, die sie entdecken. Unbekannte Lebewesen oder Gewächse schauen sie ggf. in einem mitgebrachten Naturlexikon nach.

Zurück in der Einrichtung gestaltet die Spielleitung eine Diashow aus den Bildern und projiziert sie zur Entspannungsmusik mithilfe eines Beamers auf eine weiße Wand. Die Kinder sitzen dazu in entspannter Haltung (→ S. 11) im Halbkreis auf ihren Stühlen und lassen Bilder und Musik auf sich wirken.

Nach der Diashow erhalten alle Kinder Papier und Stifte und malen zu der weiter spielenden Musik einen Teich, Bach, Fluss oder See mit den eben gesehenen Pflanzen und Tieren. Sind alle Kunstwerke fertig, kommen die Kinder im Kreis zusammen und zeigen ihre Bilder. Wer mag, erläutert, woran er beim Malen gedacht hat und was es auf dem Bild alles zu sehen gibt.

Bach-Mandala

Alter: ab 5 Jahren
Material: 1 großer Korb, 1 runde Wasser-
schale
Ort: Teich, Bach, Fluss oder See

Die Kinder gehen mit der Spielleitung zu einem Gewässer. Dort suchen sie nach Naturmaterialien, z. B. nach Steinen, Pflanzenblät-
tern, Blüten usw., die sie alle in den Korb legen.
Zwei Kinder füllen gemeinsam mit der Spielleitung eine Schale mit Wasser und stellen sie
in Ufernähe an einen schönen Platz. Darum
herum bilden sie einen großzügigen Kreis, in
den sie auch den Korb mit den Naturmaterialien stellen. Ein Kind nimmt z. B. einen Stein
heraus und legt ihn neben die Wasserschale.
Es geht auf seinen Platz zurück und blinzelt
einem anderen Kind zu, das sich ebenfalls einen Stein aus dem Korb holt und ihn neben
dem ersten Stein platziert. Die folgenden Kinder bilden mit weiteren Steinen einen Kreis
um die Wasserschale. Erst wenn alle Steine
verbraucht sind, sucht das nächste Kind ein
neues Material aus für einen zweiten Ring
usw.
Ist der Korb geleert, reichen sich die Kinder die
Hände und bewundern einen Augenblick still
ihr gemeinsames Mandala.

Die Reise des Lachs'

*Nicht nur am Ufer, sondern auch unter Wasser gibt
es viele Dinge zu bestaunen, z. B. die verschiedenen
Fischarten. Bei dieser Streichelmassage beschäftigen
sich die Kinder mit der langen Wanderung der Lachse vom Fluss zum Meer.*

Alter: ab 5 Jahren
Material: pro Kind 1 weißer DIN-A5-Foto-
karton, Klebstoff, Scheren, Ozean-Trommel,
mehrere rote Wasserfarben, Pinsel

Vorbereitung
Die Spielleitung kopiert für alle Kinder die
Fisch-Vorlage auf DIN A5 vergrößert. Die Kinder schneiden den Lachs aus und kleben ihn
zur Verstärkung auf einen weißen Fotokarton.
Danach schneidet jedes Kind seinen Lachs
noch einmal aus.

Spielablauf
Die Kinder sitzen mit ihren Papierfischen dicht
hintereinander rittlings auf ihren Stühlen im
Kreis. Sie lassen ihren Fisch auf dem Nacken
des Kindes vor ihnen ruhen. Die Spielleitung
erzählt: »*Die jungen Lachse ziehen vom Süßwasser
des Flusses ins weite Meer hinaus und bleiben dort,
bis sie erwachsen sind. Hörst du, wie das Meer die
jungen Lachse ruft?*« Sie lässt die Ozean-Trommel erklingen und die Kinder streichen mit ih-

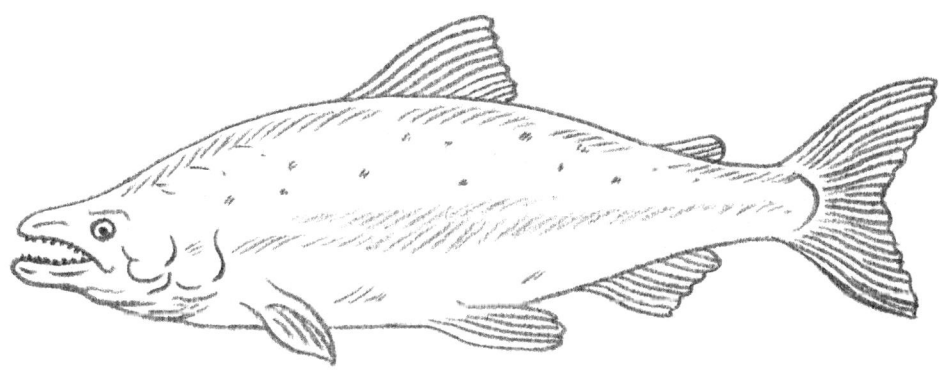

rem Papierfisch langsam und mit leichtem Druck vom Nacken ausgehend über den Rücken des Kindes vor ihnen, wo sie den Lachs eine Weile rechts und links von der Wirbelsäule hin- und herschwimmen lassen. Verklingt die Ozean-Trommel langsam, wandern die Lachse weiter nach unten zum Becken der Kinder und die Trommel verstummt. Die Fische ruhen einen Moment mit sanftem Druck auf dem Becken.

Die Spielleitung erklärt: »*Bei ihrer langen Reise und ihrem Aufenthalt im Meer sind die Lachse erwachsen geworden. Nun treten sie langsam wieder die Rückreise in den Fluss an. Sie schwimmen so lange, bis sie ihren Ausgangspunkt erreicht haben.*« Daraufhin führen die Kinder die Fische zum Klang der Trommel langsam und behutsam zum Nacken des Kindes vor ihnen zurück.

Die Spielleitung erzählt, dass sich das Schuppenkleid der Lachse während ihrer Reise von silbergrau in purpurrot verfärbt hat. Die Kinder malen ihre Lachse zum Abschluss mit leuchtend roten Wasserfarben an.

Wasserklang-Meditation

Alter: ab 5 Jahren
Material: Plastikwanne, Becher, Fliegenklatsche, Strohhalm, Stein ...

Die Spielleitung füllt die Wanne mit Wasser und legt die Materialien daneben bereit. Die Kinder setzen sich in entspannter Haltung (➜ S. 11) im Kreis darum herum mit dem Rücken zur Wanne, sodass die Stuhllehnen zur Mitte zeigen. Während sie ihre Augen schließen, wählt die Spielleitung einen Gegenstand aus und erzeugt damit verschiedene Wassergeräusche, indem sie z. B. mit dem Becher Wasser aus der Wanne schöpft und es langsam aus unterschiedlichen Höhen wieder in die Wanne gießt. Sie schlägt mit dem Becherboden auf die Wasseroberfläche, füllt den Becher mit Wasser und pustet auf die Wasseroberfläche ...

Sind alle Wassergeräusche verklungen, drehen sich die Kinder mit ihren Stühlen zur Kreismitte und erzählen, was sie gehört haben. Können sie erraten, durch welchen Gegenstand die verschiedenen Klänge entstanden sind? Welche Klänge waren gut zu hören?

Anschließend übernimmt ein Kind die Rolle der Spielleitung und wählt einen anderen Gegenstand, z. B. die Fliegenklatsche, mit der es auf die Wasseroberfläche klatscht, das Wasser umrührt usw.

Am Seeufer

Alter: ab 4 Jahren

Die Kinder sitzen rittlings hintereinander auf ihren Stühlen mit der Spielleitung im Kreis, sodass sie den Rücken des Kindes vor ihnen berühren können. Die Spielleitung spricht oder liest den folgenden Text langsam vor und macht dazu bei dem Kind vor ihr die Massagebewegungen, die die anderen Kinder nachahmen.

Die Sonne scheint und du gehst raus.
mit Zeige- und Mittelfinger auf dem Rücken spazieren gehen
Am Seeufer ruhst du dich aus.
die flache Hand auf dem Rücken ruhen lassen
Zwei Schwäne schwimmen hin und her.
Ihr Federkleid gefällt dir sehr.
mit beiden Händen über Nacken, Schultern und Rücken bis zum Becken streichen
Du kannst eine Ente watscheln seh'n.
Ganz langsam willst du zu ihr geh'n.
mit den Handflächen und gespreizten Fingern über den Rücken spazieren
Im Wasser unter einer Welle
schwimmt ein Fisch behänd und schnelle.
die geschlossenen Finger über den Rücken hin- und hergleiten lassen
Du wünschst ihm eine gute Reise
und gehst nach Haus ganz still und leise.
eine Hand auf dem Rücken ruhen lassen, dann mit Zeige- und Mittelfinger auf dem Rücken spazieren gehen

Fische im Wasser   ◉ Nr. 4

Alter: ab 5 Jahren
Material: Schwungtuch, viele Decken

Mehr als die Hälfte der Kinder stellt sich um ein ausgebreitetes Schwungtuch herum. Darunter werden Decken ausgelegt, sodass der Boden ganz bedeckt ist. Die übrigen Kinder legen sich unter dem Tuch entspannt auf den Rücken (→ S. 10).
Sobald die Spielleitung die Entspannungsmusik einschaltet, heben die Kinder im Kreis das Schwungtuch an und schwingen es langsam zur Musik auf und ab, sodass wellenartige Bewegungen entstehen. Die liegenden Kinder spielen Forellen, die sich unter der Wasseroberfläche ganz ruhig verhalten und vor sich hin träumen. Tippt die Spielleitung einem Kind im Außenkreis auf die Schultern, darf es langsam unter das Tuch krabbeln, vorsichtig eines der Fisch-Kinder wecken, das seine Hände zu Fäusten ballt ... (→ S. 9 „Zurücknahme"). Das Fisch-Kind taucht unter dem Tuch auf, stellt sich mit in den Außenkreis und überlässt seinen Platz dem neuen Kind. Auf diese Weise tauschen nach und nach alle Kinder die Rollen, sodass jedes Kind einmal Forelle spielen darf.

Wasserbilder

Alter: ab 5 Jahren
Material: DIN-A3-Malpapier, Wasserfarben, Deckweiß, Pinsel, Wasserbecher, leere Farbtöpfchen, Klangschale

Vorbereitung

Die Kinder mischen aus den Wasserfarben viele unterschiedliche Blau- und Türkistöne und stellen sie in den Farbtöpfchen auf einem großen Tisch bereit.

Spielablauf

Die Kinder setzen sich mit dem Malpapier um den Tisch herum. Sobald die Klangschale ertönt, nehmen sie mit ihrem Pinsel viel Wasser und wenig Farbe eines Tons auf und bemalen damit ihr Papier flächig mit waagerechten Streifen, sodass ein leicht wellenförmiger Hintergrund entsteht. Sie führen den Pinsel so lange auf dem Papier hin und her, bis der Klang verstummt. Durch den größeren Wasseranteil bleibt die Farbe dabei zunächst transparent.

Erklingt der nächste Ton, wählt jedes Kind einen anderen Blauton und malt damit über Teile des ersten Farbtons oder über noch weiße Stellen. Die Spielleitung schlägt die Klangschale insgesamt ca. viermal an, sodass verschiedene Farbschichten und Schattierungen entstehen können.

Die Kinder lassen ihre Wasserbilder trocknen. Am nächsten Tag können sie Fische, Pflanzen oder Muscheln etc. mit Wasserfarben dazu malen, sodass ihr See mit Leben erfüllt wird.

Weiße Seerose

Alter: ab 4 Jahren
Material: 3–5 blaue Tücher (ca. 1 × 1 m), 1 weißes Tuch (ca. 50 × 50 cm), Klangschale

Die Spielleitung drapiert die blauen Tücher in der Kreismitte als See und das weiße Tuch zu einer Fantasieblüte zusammengeknüllt darauf. Alle Kinder hocken auf ihren Füßen mit gesenkten Köpfen in einem engen Kreis auf den blauen Tüchern um die »Seerose« herum. Sie stellen selbst große Seerosen dar, deren Blüten jedoch noch geschlossen sind. Schlägt die Spielleitung die Klangschale an, beginnen sich die Blüten-Kinder allmählich zu öffnen, indem sie sich ganz langsam aufrichten und ihre Arme dabei im Bogen von unten nach oben führen. Stehen sie gerade mit nach oben ausgestreckten Armen im Kreis, bewegen sie ihre Arme wie Blütenblätter im Wind sanft hin und her, bis kein Klang mehr zu hören ist. Schlägt die Spielleitung die Klangschale erneut an, reichen sich alle Kinder die Hände und gehen still um die Fantasieblüte herum, bis der Ton wieder verklungen ist.

Meerestanz
⊙ Nr. 4

Alter: ab 4 Jahren
Material: blaues Krepppapier, Schere, Schale, 3 weiße (Seiden-)Tücher, Sand, Muscheln

Vorbereitung

Aus dem Krepppapier wird pro Kind ein ca. 30 × 5 cm langer Streifen geschnitten.
In der Mitte des Raums stellt die Spielleitung die Wasserschale auf und drapiert darum herum die weißen Tücher als Strand. Darauf schüttet sie zusätzlich etwas Sand und dekoriert ihn mit einigen Muscheln.

Spielablauf

Alle Kinder stellen sich im Kreis um die gestaltete Mitte herum auf. Jedes Kind hält das Ende eines Krepppapierstreifens in den Händen, sodass sie über die locker gespannten Streifen miteinander verbunden sind.
Zum Klang der Entspannungsmusik bewegen sich die Kinder nach den Anregungen der Spielleitung um die Mitte herum. Sie gehen im Uhrzeigersinn und schwingen ihre Arme langsam mit den blauen Streifen hin und her, sodass der Eindruck von Meereswellen entsteht. Nach einer Weile wechseln die Kinder die Richtung und gehen mit den Armbewegungen gegen den Uhrzeigersinn im Kreis herum. Danach bleiben alle stehen und lassen gemeinsam eine große Welle entstehen: Die Spielleitung hebt langsam einen Arm mit dem Band und hält den Arm oben, das nächste Kind setzt die Bewegung in die gleiche Richtung fort usw., bis reihum alle Kinder die Arme nach oben gestreckt halten. Zum Schluss bricht die Welle: Alle Kinder schwingen auf einmal ihre Arme mit den Bändern nach vorn und lassen ihre Arme langsam auspendeln. Stehen alle wieder still, gehen sie erneut im Kreis herum.

Meer-Mandala
⊙ Nr. 4

Alter: ab 5 Jahren
Material: (Kinder-)Lexikon mit Meerestieren, Buntstifte, Scheren, blauer DIN-A2-Tonkarton, Sand, Muscheln

Vorbereitung

Die Spielleitung kopiert die Abb. für jedes Kind. Die Kinder schauen sich z. B. im Lexikon Bilder von kleineren Meerestieren an, die nah am Ufer zu finden sind, z. B. Seeigel, Krabben, Muscheln und Einsiedlerkrebse. Danach widmen sie sich Bildern von Fischen, die im etwas tieferen Wasser leben, z. B. Steinbutte, Aale, Schollen oder Kraken. In einem dritten Schritt betrachten sie Hochseefische wie Sardinen, Seehechte, Schwertfische oder Dorsche. Zum Schluss schauen sie sich Bilder von Tieren an, die weit draußen im offenen Meer leben, z. B. Buckelwale, Haie, Thunfische und Kalmare.
Jedes Kind erhält eine Vorlage und malt zu jedem der vier Lebensräume ein oder mehrere Tiere aus, bevor es sie ausschneidet.
Währenddessen zeichnet die Spielleitung einen möglichst großen Kreis auf den blauen Tonkarton und schneidet ihn aus.

Spielablauf

Die Spielleitung legt den blauen Kreis auf den Boden und streut darum herum einen breiten Rand aus Sand. Die Kinder setzen sich um den »Strand« herum und legen nacheinander ausgehend vom Zentrum des Tonkartons vier Ringe mit ihren Fischen: Sie beginnen mit den Tiefseefischen und enden mit den Meerestieren, die nah am Ufer zu finden sind. Auf dem Sandrand legen sie zuletzt Muscheln aus.
Ist das Meer-Mandala fertig, gehen die Kinder Hand in Hand im Kreis um das Mandala herum, um es von allen Seiten zu bestaunen.

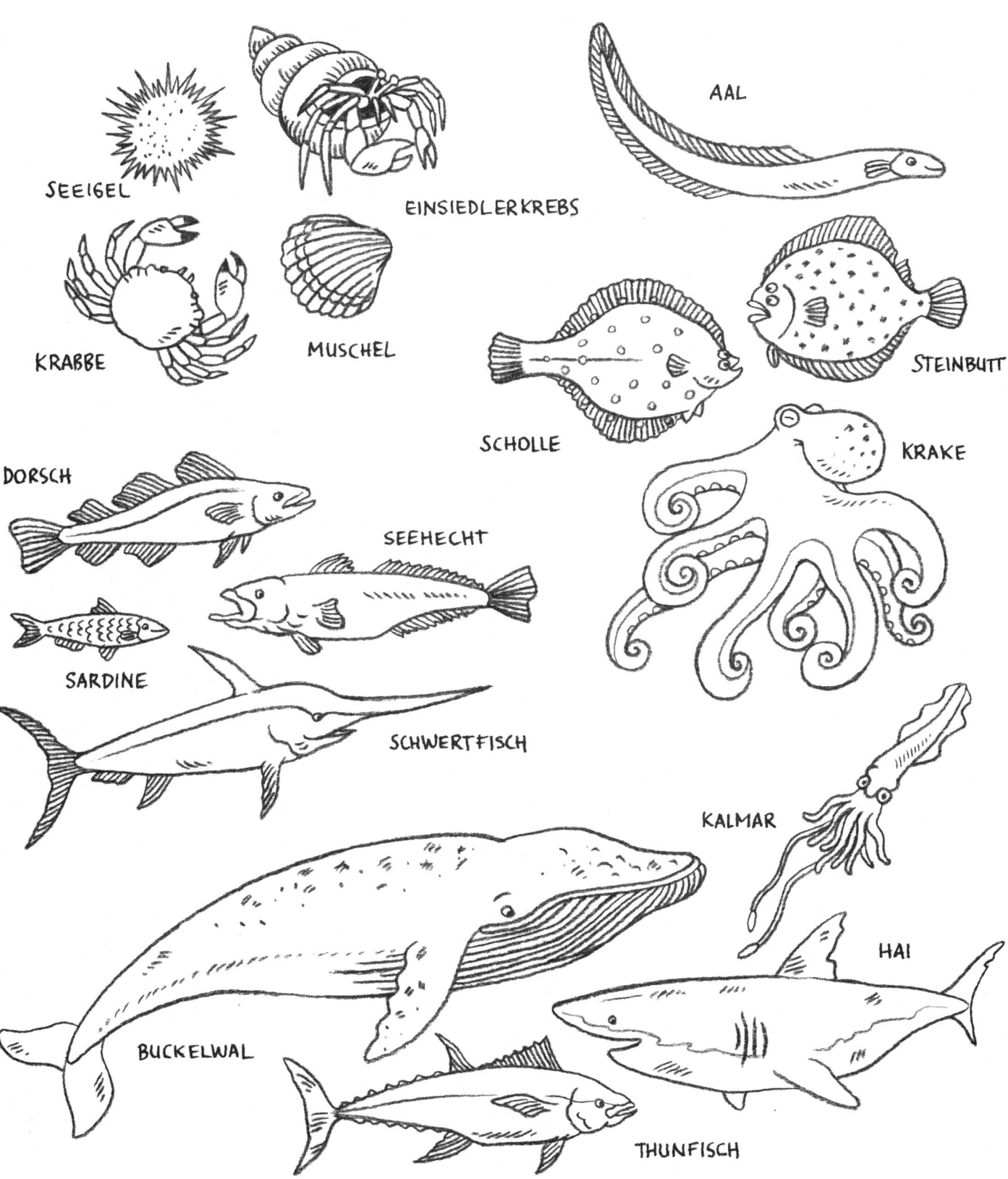

SEEIGEL

EINSIEDLERKREBS

AAL

KRABBE

MUSCHEL

SCHOLLE

STEINBUTT

DORSCH

SEEHECHT

KRAKE

SARDINE

SCHWERTFISCH

KALMAR

BUCKELWAL

HAI

THUNFISCH

Hörst du das Meer rauschen?

Alter: ab 4 Jahren
Material: 1 Augenbinde, Ozean-Trommel;
evtl. 1 Augenbinde pro Kind

Alle Kinder stellen sich in einem großen Kreis um ein Kind herum, das die Augen verbunden bekommt. Die Spielleitung reiht sich mit der Ozean-Trommel zwischen zwei Kindern im Kreis ein und reicht das Instrument möglichst ohne ein Geräusch zu machen im Uhrzeigersinn weiter. So wandert die Trommel ganz leise von Hand zu Hand im Kreis herum. Hebt die Spielleitung die Hand, hält das Kind, das gerade die Trommel hat, diese leicht schräg, sodass die Kügelchen von einer Seite zur anderen rollen und dadurch ein sanftes Wellenrauschen erzeugen. Das Kind in der Mitte horcht auf den Klang und macht sich auf den Weg in Richtung »Meer«. Kann es die Klangquelle finden und berühren? Wenn nicht, ertönt die Ozean-Trommel noch einmal, bis das Kind sie gefunden hat. Es tauscht mit dem Trommelspieler die Rollen und eine neue Runde beginnt.

Variante für ältere Kinder

Alle Kinder bis auf eines verteilen sich im Raum und lassen sich die Augen verbinden. Das einzelne Kind erhält die Ozean-Trommel, mit der es möglichst leise durch den Raum geht. Schließlich bleibt es stehen und lässt sein Instrument erklingen. Welches der anderen Kinder erreicht die Klangquelle, bevor das Meeresrauschen verklungen ist? Schafft das niemand, lässt das Kind die Ozean-Trommel noch einmal erklingen. Das Kind, das am schnellsten das Ziel erreicht, tauscht für die nächste Spielrunde mit dem Trommelspieler die Rollen.

Sandbilder ◉ Nr. 4

Alter: ab 5 Jahren
Material: Sandbild (ca. 27 × 19 cm), DIN-A4-Malpapier, Aquarellstifte, Pinsel, Wasserbecher

Alle Kinder setzen sich in entspannter Haltung (→ S. 11) um einen Tisch herum, auf den die Spielleitung ein Sandbild stellt. Zum Klang der Musik dreht sie das Bild herum, sodass der Sand zwischen den Scheiben nach unten rieselt. Dabei entsteht eine neue Landschaft. Ist der Sand komplett heruntergerieselt, dreht die Spielleitung das Bild noch ein- oder zweimal um, je nach Länge des Musikstücks und der Aufmerksamkeit der Kinder. Das Zuschauen entspannt und fasziniert zugleich. Die Musik unterstützt die ruhige Atmosphäre, in der die Kinder möglichst nicht sprechen, sondern einfach alles auf sich wirken lassen.
Verändert sich das letzte Bild nicht mehr, malen die Kinder das entstandene Sand-Landschaftsbild mit Aquarellstiften nach. Zum Schluss fahren sie mit einem feuchten Pinsel über ihr Bild, sodass die Farben wie beim Sandbild leicht ineinander verlaufen.

Mandala im Sand

⊙ Nr. 4

Alter: ab 5 Jahren
Material: pro Kind 1 kleine Wasserschale und 1 Gabel

Alle Kinder suchen sich einen Platz im Sandkasten, wo sie ihr Wasserschälchen aufstellen. Sobald die Entspannungsmusik einsetzt, ziehen sie mit ihrer Gabel Kreise aus einfachen Linien, Wellen oder Zickzack-Mustern um die Schale herum. Dadurch entsteht nach und nach ein Mandala. Ist die Musik beendet, werden alle Mandalas von den Kindern ausgiebig bewundert.

Variante für jüngere Kinder

Alle Kinder sitzen im Sandkasten und ziehen mit ihrer Gabel im Takt zur Musik Linien, Wellen oder andere Formen in den Sand. Ist die Musik beendet, betrachten sie gemeinsam ihre Kunstwerke.

Die Delfine und das Meer

⊙ Nr. 4

Es ist ein herrlicher Tag am Meer – ein ideales Wetter, um mit dem Boot hinaus aufs Meer zu fahren und vielleicht ein paar Delfine zu entdecken ...

Alter: ab 5 Jahren
Material: 1 Augenbinde, pro Kind 1 Decke oder Matte

Wie viele Delfine hörst du?

Alle Kinder stellen gemeinsam das Meer dar, indem sie einen großen Stuhlkreis bilden. Ein Kind setzt sich in der Kreismitte auf einen Stuhl und bekommt einen zweiten Stuhl unter die Füße geschoben, sodass es entspannt wie in einem kleinen Boot auf dem Wasser schippern kann. Dazu bekommt es die Augen verbunden. Während das Kind so hinaus auf das große weite Meer fährt, zwinkert die Spielleitung nacheinander zwei bis vier Kindern zu, die mit Schwimmbewegungen um das Kind in der Mitte herumgehen. Sie spielen Delfine und geben dazu Laute von sich, die dem Zwitschern der Vögel ähneln. Das Kind im Boot hört aufmerksam zu und versucht anhand der Stimmen herauszufinden, wie viele Delfin-Kinder im Wasser sind. Auf ein Zeichen der Spielleitung nennt es die vermutete Anzahl und nimmt seine Augenbinde ab, um nachzuschauen. Danach übergibt es die Augenbinde einem der Delfin-Kinder für die nächste Runde.

Fantasiereise

Die Kinder legen sich in entspannter Rückenlage auf ihre Matte (→ S. 10). Alle lauschen der Entspannungsmusik und wer möchte, schließt die Augen. Die Spielleitung liest oder spricht den folgenden Text langsam und ruhig mit vielen Pausen (⊚).

In Gedanken machst du einen Spaziergang am Strand. Du kannst das Meeressalz riechen und hörst das leise Rauschen der Wellen. Kleine Wellen werden an den Strand gespült, die sich dort brechen und schließlich wieder in das Meer zurückströmen. Du bleibst stehen und genießt das beruhigende Blau des Himmels, das sich im Meer widerspiegelt.

Es ist schön, hier am Meer zu sein. Du genießt alles um dich herum und bist ganz ruhig und entspannt. ◉

Du gehst weiter am Strand entlang und entdeckst viele schöne Muscheln. Die allerschönste Muschel hebst du auf und steckst sie in deine Hosentasche. Du gehst ganz nah am Meer entlang und stapfst mit nackten Füßen durch das warme Wasser.

Deine Beine sinken im Sand bei jedem Schritt ein und sind schwer. Auch deine Arme sind schwer geworden. Deine Arme und Beine sind schwer. Dein Körper fühlt sich nun angenehm schwer an. Du bist ganz schwer. ◉

Und wie du so auf das große weite Meer hinausschaust, kannst du in der Ferne ein paar Delfine erkennen, die vergnügt im Meer herumtollen. Sie machen Loopings, tauchen miteinander und veranstalten sogar ein Wettschwimmen. Wie gerne würdest du jetzt ein Delfin sein und mit den anderen Artgenossen im Wasser spielen. Du legst dich direkt am Wasser in den weichen Sand und lässt dich angenehm von den Wellen umspülen. Da siehst du einen Delfin, der dich mit seiner Flosse herbeiwinkt und mit dir spielen möchte. Du lächelst ihm zu und lässt dich von den zurückrollenden Wellen langsam mit ins Meer ziehen. Du merkst, dass du jetzt unter Wasser viel länger die Luft anhalten kannst und dich pfeilschnell durch die Wellen bewegst – du hast dich in einen Delfin verwandelt! Du bewunderst deine Flossen, spürst ihre Kraft und genießt das kühlere Wasser auf deiner glänzenden Haut. Voller Freude schwimmst du den anderen Delfinen entgegen und begrüßt sie herzlich, indem du deine Brustflosse an deren Brustflossen reibst. Du fragst sie, ob du mitspielen darfst. Die freundlichen Delfine nicken dir zu, und du tollst mit ihnen ausgelassen im Wasser herum. Nach einer Weile verabschiedest du dich von den anderen Delfinen und schwimmst gemütlich ins weite Meer hinaus. Du genießt die warme

Sonne, die von oben auf dich herabscheint und das Wasser so angenehm wärmt.

Du fühlst dich wohl und bist ganz ruhig. Spüre das Wärmegefühl in deinen Armen und Beinen. Die angenehme Wärme tut gut und durchströmt deinen ganzen Körper. Du bist angenehm warm. ◎

Du genießt die warme Sonne, die das Schwimmen im Meer so angenehm macht. Du tauchst ins Wasser hinab und kommst in regelmäßigen Abständen an die Wasseroberfläche, um Luft zu holen. Nach einer Weile schwimmst du ganz ruhig weiter. Du genießt das große weite Meer und schaust hinauf zum blauen Himmel. Ein paar Wolken ziehen langsam über dich hinweg und von Weitem kannst du eine Möwe entdecken, die ganz ruhig über das weite Meer fliegt.

Du fühlst dich wohl und genießt das große weite Meer. Du bist ganz ruhig und entspannt. Dein Atem geht ein und aus, ein und aus. Du atmest gleichmäßig und ganz von allein. ◎

Ganz gemütlich schwimmst du langsam zum Strand zurück. Sobald du den sandigen Boden unter dir mit deinen Flossen berührst, spürst du, wie du dich ganz sanft zurückverwandelst. Du kannst wieder deine Hände fühlen und auch deine Beine und Füße. Du legst dich in den weichen Sand und lässt dich noch ein letztes Mal von den auslaufenden Wellen umspülen. Du genießt nach dem Schwimmen den warmen Sand und die Sonne auf deiner Haut und schöpfst neue Kraft. ◎

Zurücknahme

Langsam kommst du mit deiner Aufmerksamkeit wieder hier im Raum an. Du weißt jetzt, dass du nur in Gedanken ans Meer zu gehen brauchst, um neue Kraft zu schöpfen. Du ballst deine Hände zu Fäusten ... (➔ S. 29)
Du rufst laut:
»Schnell wie ein Delfin bin ich!
Munter, fit – so fühl' ich mich!«

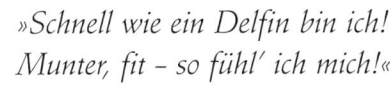
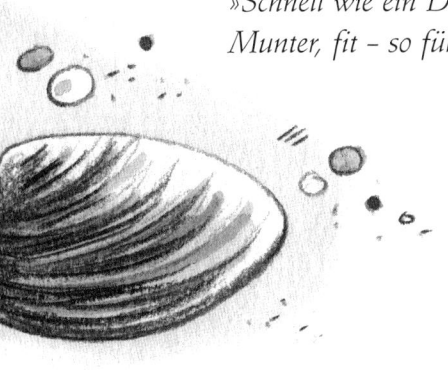

Am weißen Sandstrand  Nr. 4

Alter: ab 5 Jahren
Material: 1 Sanduhr, pro Kind 1 Matte oder Decke

Wie langsam rinnt der Sand?

Die Kinder stehen eng beisammen im Kreis. Die Spielleitung dreht eine Sanduhr um und stellt sie in die Kreismitte. Alle Kinder reichen sich die Hände und gehen so langsam im Kreis herum, dass sie erst wieder auf ihrem Ausgangsplatz stehen, wenn der Sand durchgelaufen ist. Schaffen die Kinder das oder müssen sie vielleicht am Ende ein paar Schritte weiter im Kreis herumgehen?

Fantasiereise

Die Kinder liegen entspannt mit dem Rücken auf ihren Matten (➜ S. 10) und lauschen der Entspannungsmusik. Wer mag, schließt dabei die Augen. Die Spielleitung liest oder spricht den folgenden Text langsam und ruhig mit vielen Pausen (◉).

Stell dir vor, du liegst bequem im weichen Sand ganz in der Nähe von prächtig gewachsenen grünen Palmen. Es ist ein schöner Tag. Der Himmel ist ganz blau und ohne Wolken.

Du bist völlig ruhig und Ruhe ist auch in dir. Du bist ganz ruhig und entspannt. ◉

Du kneifst deine Augen leicht zusammen und schaust hinauf zum blauen Himmel. Ein paar Möwen kreisen weit über dem weichen, weißen Sandstrand und dem unendlich großen blauen Meer. Alles ist ruhig, schön und so friedlich um dich herum.

Du bist ganz ruhig und spürst dein Gewicht auf den weichen Sand drücken. Deine Arme und Beine sind schwer. Du fühlst nun wie schwer dein ganzer Körper ist. Du bist ganz schwer. ◉

Während du so daliegst, riechst du ganz bewusst die Meeresbrise. Du spürst den weichen Sand unter deinem Körper. Du schaust hinaus auf das unendlich weite Meer und beobachtest die hellen warmen Sonnenstrahlen auf der Wasseroberfläche, die wie tausend Diamanten funkeln.

Die See ist ganz ruhig und Ruhe ist auch in dir. Am Strand und Meer fühlst du dich wohl und geborgen. Die warme Sonne scheint auf dich herab. Deine Arme und Beine sind warm. Die warme Sonne streichelt deinen Körper. Du bist angenehm warm. ◉

Ein warmer Wind streichelt sanft um deine Haut und verwöhnt deine Seele und deinen Körper. Du streckst deine Arme aus und fühlst eine Muschel. Du hebst sie auf und hältst sie an dein Ohr. Was wird sie dir wohl erzählen? Vielleicht flüstert sie etwas über das Meer, aus dem sie stammt. Vielleicht berichtet sie von den Wellen, die sie an den Strand gespült haben. Oder sie erzählt vom weichen Sand, auf dem sie bis eben so bequem gelegen hat. Hör' genau zu, was dir die Muschel alles erzählt.

Du bist ganz ruhig und hörst dir die Muschel an. Dein Atem geht ein und aus, ein und aus. Du atmest gleichmäßig und ganz von allein. ◎

Du legst die Muschel wieder in den weichen Sand zurück. Du träumst davon, wie die Wellen mit der Muschel gespielt haben, bevor sie an den Strand gespült wurde. Während du so daliegst, scheint die Sonne angenehm warm auf dich herab.

Alles um dich herum ist ganz friedlich. Tief in dir spürst du die Stille. Du bist ruhig, schwer und warm. ◎

Zurücknahme

Nach und nach kommst du mit deiner Aufmerksamkeit wieder hier in den Raum zurück. Du weißt jetzt, dass du nur in Gedanken an den Strand zu gehen brauchst, um tiefe Stille zu finden.
Du ballst deine Hände zu Fäusten ... (➜ S. 29)
Du rufst laut:
»Ich fühl mich wohl und ganz entspannt
wie eine Muschel auf dem Sand!«

Wir schweben im Weltall

Sonne, Mond und Sterne bestimmen unseren Lebensrhythmus und machen auf Kinder einen großen Eindruck. In klaren Nächten können wir die Sterne, die so unendlich weit entfernt sind, besonders gut am Himmel beobachten. Trotz oder gerade wegen der großen Entfernung werden Kinder neugierig und denken darüber nach, wie wohl die Sterne von Nahem aussehen und ob es im All noch andere Planeten außer der Erde gibt, auf denen Leben möglich ist. Sie lassen sich von Ufos faszinieren, die sie aus den Medien oder fantastischen Erzählungen kennen, und sind beeindruckt von Bildern mit Satelliten, die ins Weltall geschossen werden, um es zu erforschen.

In diesem Kapitel gibt es verschiedene Spiele und andere Angebote zum Entspannen rund um das Thema »Weltall«. Die Kinder befassen sich in aller Ruhe mit verschiedenen Planeten, mit Sonne, Sternen und dem Mond. Außerdem geht es um fantastische Erlebnisse außerhalb unseres blauen Planeten: Die Kinder erklimmen in Gedanken mit der Himmelsleiter ihren Lieblingsstern, unternehmen eine Mondreise oder schweben wie AstronautInnen schwerelos und ganz entspannt durch das Weltall ...

Die Mondreise

◉ Nr. 5

Alter: ab 5 Jahren
Material: pro Kind 1 Matte oder Decke und
1 heller Stein

Alle Kinder bilden einen Kreis. Sie ziehen pantomimisch ihre Raumanzüge an und setzen sich einen Helm auf. Während sie auf ihrem Platz in ihre »Rakete« einsteigen, legt die Spielleitung hinter jedem Kind eine Matte aus, auf die sich die Kinder wie in einen Raumfahrersitz setzen.

Für den gemeinsamen Raketenstart trampeln alle auf dem Po sitzend mit den Füßen auf die Matten und zählen von Zehn auf Null herunter. Bei »Null« schwingen die Kinder Arme und Beine in die Luft, lassen sich in Zeitlupe nach hinten auf den Rücken kippen und bleiben ruhig liegen.

Die Spielleitung stellt die Entspannungsmusik an und erzählt, wie sie mit der Rakete lautlos durch das All zum Mond fliegen: »*Stell dir vor, wie du in deiner Rakete durch das All gleitest. Um dich herum siehst du gelbe Sterne. Du schaust dich um und erkennst die Erde, die aus der Ferne wie eine kleine blaue Kugel aussieht. Du gleitest weiter durch das All und entdeckst den Planeten Mars, der rot leuchtet.* ◉ *Jetzt näherst du dich dem guten, alten Mond, und schließlich landest du sanft darauf. Du steigst aus der Rakete und betrittst in deinem Raumanzug die helle Mondlandschaft. Überall liegt Staub und du siehst kleine und große Steine. Einer der Steine gefällt dir besonders gut. Du hebst ihn auf und beschließt, ihn mit zur Erde zu nehmen.* ◉ *Schließlich steigst du wieder in die Rakete und fliegst langsam zur Erde zurück.*«

Die Spielleitung legt leise neben jedem Kind einen Stein auf die Matte, bevor die Zurücknahme erfolgt (➜ S. 9). Zum Abschluss der Mondreise bewundern die Kinder gegenseitig ihre Mondsteine.

Sonnentanz ◉ Nr. 5

Alter: ab 5 Jahren
Material: pro Kind 1 gelbes, ca. 1m langes Band, 1 Gymnastikreifen

Alle Kinder stellen sich im Kreis um den Gymnastikreifen herum und knoten mithilfe der Spielleitung das eine Ende ihres Bands fest an den Reifen. Das andere halten sie mit der linken Hand fest, sodass die Bänder gespannt sind und wie Sonnenstrahlen aussehen.
Die Spielleitung schaltet die Musik ein und stellt sich selbst mit einem Band mit in den Kreis. Sie macht Tanzbewegungen vor, die die Kinder gleich mitmachen. Zu Beginn des Tanzes ziehen alle Kinder ein wenig an ihren Bändern, sodass sich der Reifen durch die Spannung in die Luft hebt. Sie halten den Reifen und gehen damit z.B. erst hintereinander, dann in die andere Richtung seitwärts im Kreis herum. Sie bleiben stehen, lassen den Reifen zu Boden sinken und machen mit den Bändern zur Musik langsame Wellenbewegungen, bevor sie die Sonnenstrahlen-Bänder auf dem Boden ablegen: Die Sonne ist untergegangen.

Variante

Immer drei bis vier Paare nehmen sich jeweils ein Band, bilden einen Kreis und überkreuzen ihre Bänder zu einem Stern, sodass jedes Kind das Ende von einem Band festhält. Zur Musik dreht sich immer eine der Stern-Formationen, auf die die Spielleitung deutet, langsam um ihr Zentrum herum. Alle übrigen Sternen-Kinder bleiben so lange stehen, bis die Spielleitung auf sie zeigt. Hebt die Spielleitung beide Arme in die Luft, gehen alle Kinder gleichzeitig langsam im Kreis herum.

Mond-Mandala

Der Mond fasziniert die Menschen seit ewigen Zeiten. Hell strahlt er uns am nächtlichen Himmel entgegen, mal als Sichel, mal als Halb- oder Vollmond.

Alter: ab 5 Jahren
Material: jede Menge helle Kieselsteine in verschiedenen Größen, pro Kind 1 großes, dunkelblaues Tuch

Alle Kinder bilden einen großen Kreis um die Kieselsteine herum und legen ihr Tuch vor ihren Füßen ab. Jedes Kind gestaltet ein eigenes Mond-Mandala: Es sucht sich einen schönen großen Stein für die Mitte aus und legt auf dem Tuch darum herum größer werdende Ringe aus weiteren Steinen.
Haben alle Kinder ein Vollmond-Mandala vor sich liegen, dürfen sie entscheiden, ob sie einige der Steine entfernen wollen, sodass ein Halbmond oder nur eine Sichel entsteht. Wer den Vollmond behalten möchte, belässt sein Mandala, wie es ist.
Am Ende gehen alle Kinder im Außenkreis herum und betrachten die einzelnen Monde, die sich hell von den dunklen Tüchern abheben.

Sonnenaufgang

Bei dem folgenden Spiel lernen die Kinder sich eine kurze Zeit im Liegen zu entspannen und spielerisch über die Seitenlage aufzustehen.

Alter: ab 4 Jahren
Material: pro Kind 1 Matte oder Decke, Klangschale, Triangel

Alle Kinder suchen sich einen Platz im Raum und legen sich mit dem Rücken auf ihre Matte. Die Spielleitung erklärt den Kindern, dass die Sonne gleich untergeht und für sie Schlafenszeit ist. Dazu schlägt sie die Klangschale an. Wer möchte, kann seine Augen schließen. Nachdem die Klangschale verklungen ist, bleiben die Kinder ca. eine Minute ruhig liegen, bis sie vom Klang der Triangel geweckt werden: Die Sonne geht auf! Die Kinder ballen ihre Hände zu Fäusten ... (→ S. 9 „Zurücknahme") und rufen laut: *»Ich bin frisch und ausgeruht!«*

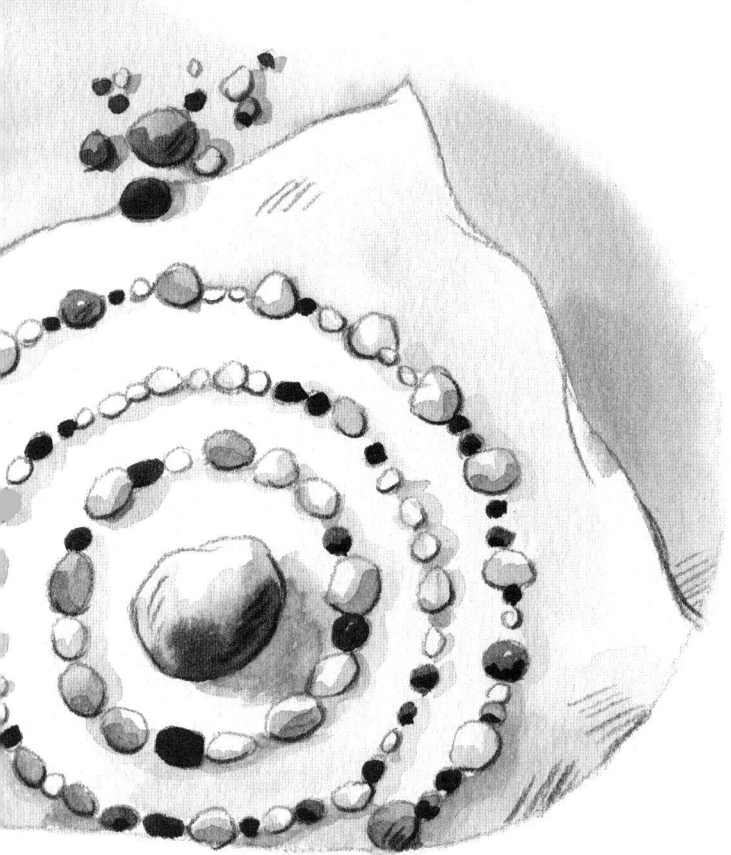

Klänge aus dem All   ⊙ Nr. 5

Alter: ab 5 Jahren
Material: Glockenspiel, pro Kind 1 Matte oder Decke, Handtrommel, Rührtrommel

Vorbereitung
Das Glockenspiel wird auf die Töne c, d, e, g und a begrenzt und alle anderen Stäbe entfernt (→ Erläuterungen S. 17).

Spielablauf
Bis auf drei Kinder legen sich alle entspannt auf ihre Matten. Die Spielleitung leitet einen Raketenstart an. Dazu erhält jedes der drei Kinder eines der Instrumente. Das Kind mit der Handtrommel beginnt mit dem Countdown, indem es zehnmal auf die Trommel schlägt. Alle Kinder zählen laut mit: *»Zehn, neun, acht ...«* Bei *»Null«* startet das Kind mit der Rührtrommel die Rakete, indem es mit dem Holzschlägel in der Trommel rührt. Nun schaltet die Spielleitung leise die Musik ein. Das Kind mit dem Glockenspiel lässt in einer beliebigen Reihenfolge kurz hintereinander oder einzeln die Töne c, d, e, g, a erklingen. Alle anderen Kinder lauschen mit geschlossenen Augen. Vielleicht sind das verschlüsselte, piepende Nachrichten, die die AstronautInnen von Ufos bekommen? Vielleicht sind es Töne, die von einem Raumschiff stammen? Oder die eigene Rakete zeigt durch die Töne an, ob sie gerade höher oder tiefer fliegt ...
Ist die Musik beendet, landen die AstronautInnen wieder auf der Erde, indem das Glockenspiel verklingt und die Rührtrommel noch einmal gespielt wird. Es erfolgt die Zurücknahme (→ S. 9) und ein Erfahrungsaustausch, bei dem die Kinder sich erzählen, was sie im All alles erlebt haben. Wer lässt die Instrumente beim nächsten Ausflug ins All erklingen?

Spaziergang auf dem Mond

Alter: ab 4 Jahren
Material: pro Kinderpaar 1 Matte oder Decke

Die Kinder gehen zu zweit zusammen. Ein Kind legt sich mit dem Bauch auf eine Matte und sein Partnerkind kniet sich daneben. Es führt die Massagebewegungen aus, die die Spielleitung bei einem Kind vormacht. Dazu liest oder spricht sie den folgenden Text langsam und mit vielen Pausen.

Wir machen eine Mondreise
und starten ganz, ganz leise!
mit den Händen kreisförmig über die Schultern streichen
Lass uns auf den Mond geh'n
und uns etwas umseh'n.
mit allen Fingern sanft über den Rücken krabbeln
Rund und hell und groß ist er,
das gefällt uns allen sehr.
mit den Händen kreisförmig über den ganzen Rücken streichen
Wunderschön sieht alles aus.
Nun geh'n wir schnell nach Haus'.
mit Zeige- und Mittelfinger über den Rücken spazieren
Zu Ende geht die Mondreise,
wir landen ganz, ganz leise!
mit den Händen kreisförmig über die Schultern streichen

Sternschnuppen

Wenn eine Sternschnuppe vom Himmel fällt, schließen viele Menschen ihre Augen, um sich ganz still etwas Schönes zu wünschen. Eine gute Übung auch für jüngere Kinder, um einen kurzen Moment innezuhalten.

Alter: ab 4 Jahren
Material: 1 Wunderkerze, Feuerzeug, DIN-A3-Malpapier, Wachsmalkreide

Während die Kinder einen Kreis bilden, verdunkelt die Spielleitung etwas den Raum. Sie stellt sich mit der Wunderkerze und dem Feuerzeug in die Kreismitte und zündet die Wunderkerzen-Sternschnuppe an. Die Kinder betrachten die leuchtende Wunderkerze ganz ruhig und ohne ohne zu sprechen. Bevor sie erlischt, schließen alle Kinder die Augen und wünschen sich etwas.
Jeder behält seinen Wunsch für sich, bringt ihn aber in einer anschließenden ruhigen Tischrunde zu Papier. Konnte jedes Kind seinen Wunsch aufmalen, nimmt es das Bild mit nach Hause.

JUPITER   ERDE   MARS

Planeten-Massage

Das Sonnensystem besteht aus der Sonne und anderen Himmelskörpern, die um die Sonne kreisen. Zu den größten Planeten gehören Merkur, Venus, Erde, Mars, Jupiter, Saturn, Uranus und Neptun.

Alter: ab 5 Jahren
Material: für jedes Kinderpaar 3 unterschiedlich große Bälle (z. B. 1 Tischtennisball, 1 Tennisball, 1 Softball) und 1 Matte oder Decke, Klangschale

Die Kinder finden sich in Paaren zusammen und setzen sich einander gegenüber auf den Boden. Zwischen jedes Paar legt die Spielleitung drei unterschiedlich große Bälle. Der größte Ball stellt den Jupiter, der mittlere Ball die Erde und der kleinste Ball den Mars dar. Können die Kinder die Ball-Planeten anhand ihrer Größe voneinander unterscheiden und benennen, legt sich eines der beiden Kinder entspannt mit dem Bauch auf die Matte und schließt nach Möglichkeit seine Augen. Das andere Kind kniet sich daneben und wählt einen der Bälle aus, mit dem es das Kind vom Nacken über die Arme, den Rücken (neben der Wirbelsäule!), hinunter zum Becken und bis zu den Beinen mas-

siert. Errät das liegende Kind, mit welchem Ball-Planeten es gerade massiert wird? Erklingt die Klangschale, wechselt das massierende Kind den Ball, sodass alle drei Bälle einmal zum Einsatz kommen. Wird die Klangschale dreimal angeschlagen, wechseln die Kinder die Rollen.

Fixsterne

Als Fixsterne werden Sterne bezeichnet, die auf den ersten Blick ihre Stellung am Himmel nicht verändern.

Alter: ab 4 Jahren
Material: Klangschale

Die Kinder verteilen sich im Raum und spielen Fixsterne. Sobald die Spielleitung die Klangschale anschlägt, drehen sich alle Kinder zu dem leiser werdenden Klang zunehmend langsamer auf der Stelle um sich selbst. Ist der Klang nicht mehr zu hören, verharren sie in ihrer angefangenen Bewegung. Die Kinder bleiben so lange stehen, bis die Spielleitung erneut die Klangschale anschlägt, und drehen sich dann in die andere Richtung ...

Sternschnuppen-Platzwechsel

Alter: ab 4 Jahren
Material: Wunderkerzen, Feuerzeug;
evtl. pro Kind 1 Augenbinde

Die Spielleitung dunkelt den Raum etwas ab.
Die Kinder setzen sich breitbeinig so im Kreis
auf den Boden, dass ihre Füße sich gegenseitig
berühren. Die Spielleitung zündet in der Kreismitte eine Wunderkerze an und steigt damit
der Reihe nach über die Beine der Kinder, die
ruhig sitzen bleiben. Das Kind, vor dem die
Spielleitung kurz vor dem Erlöschen der Wunderkerzen-Sternschnuppe stehen bleibt, darf
sich ein anderes Kind wünschen, mit dem es
möglichst leise den Platz tauscht. Die Spielleitung zündet die nächste Wunderkerze an und
wiederholt das Spiel. Erst wenn alle Kinder
wenigstens einmal ihren Platz tauschen konnten, ist das Spiel beendet.

Sternbilder   ◉ Nr. 5

*Viele Sternbilder werden als Tierumrisse gedeutet
und lassen sich dadurch leichter am Himmel entdecken und wiederfinden.*

Alter: ab 5 Jahren
Material: ca. 10 kleine Strohsterne, pro
Kind 1 Matte oder Decke, Overhead-
projektor; evtl. (Kinder-)Astronomiebuch

Vorbereitung
Die Spielleitung schaut sich mit den Kindern
die Sternbilder an, wenn möglich unterstützt
durch ein (Kinder-)Astronomiebuch o. Ä. Erkennen die Kinder die Bilder anhand der Sterne und können sie sie mit den Strohsternen
nachlegen?

Spielablauf
Die Kinder verteilen sich im Raum und setzen
sich auf ihre Matten. Währenddessen dunkelt
die Spielleitung den Raum etwas ab, legt die
Sterne auf dem Overheadprojektor bereit und
schaltet leise die Entspannungsmusik ein.

Wenn sie einem Kind sanft eine Hand auf die Schulter legt, steht dieses leise auf und legt aus den Strohsternen ein reales Sternbild, ein Fantasietier oder ein einfaches Muster, das entsprechend vergrößert an die Wand projiziert wird. Das Kind setzt sich wieder hin und alle lassen die Musik und das Sterngebilde so lange auf sich wirken, bis die Spielleitung einem anderen Kind den Impuls gibt, die Sterne neu zu legen. So entsteht mit der Musik als Teppich eine meditative Sternen-Schau.

Waren alle Kinder einmal dran, wird der Projektor ausgeschaltet. Die Kinder legen sich entspannt auf den Rücken (→ S. 10), um alles noch einmal nachwirken zu lassen. Ist die Musik beendet, erfolgt die Zurücknahme (→ S. 9). Zum Schluss kommen alle zusammen und die Kinder erzählen, welche Formen oder Tiere sie entdecken konnten – sicher haben sie sehr unterschiedliche Dinge wahrgenommen.

Lichter im All

Wer sieht die Licht-Gemälde am nächtlichen Himmel? Nur wer aufmerksam hinschaut, kann sie entdecken – vielleicht stammen sie sogar von einem Ufo ...?

Alter: ab 5 Jahren
Material: 2–3 Taschenlampen

Alle Kinder sitzen dicht nebeneinander vor einer freien Wand. Zwei bis drei Kinder erhalten jeweils eine Taschenlampe und der Raum wird verdunkelt. Nun versuchen die Taschenlampen-Kinder gleichzeitig Lichtgemälde an der Wand zu machen: Die Lampen können aufblitzen und blinken oder angestellt bleiben und durch Schwungbewegungen Lichtstrahlen, Kreise, Zickzack-Linien, Achten usw. erzeugen. Dabei können sie sich langsam und gezielt oder schnell und wirr mit den anderen Lampenstrahlen kreuzen.

Die anderen Kinder sitzen entspannt auf dem Boden und lassen die Licht-Gemälde auf sich wirken. Sie spekulieren, was die Lichter zu bedeuten haben: Sind es Ufos, die durch das All fliegen? Vielleicht sind es unzählige Sternschnuppen, die Leuchtspuren am Himmel erzeugen? Lassen sich wiederkehrende Formen erkennen?

Nach einer Weile erhalten zwei oder drei andere Kinder die Taschenlampen und setzen das Spiel fort.

Variante für ältere Kinder

Die Kinder versuchen zu zweit eine kleine Geschichte mit den Taschenlampen zu erzählen, z. B.: Ein Ufo nähert sich flackernd langsam von weit her. Es zögert, sendet Lichtimpulse in die Umgebung. Da taucht ein zweites Ufo auf, das die Lichtsignale wiederholt, beide nähern sich langsam an und verschwinden zum Schluss gemeinsam flackernd im All ...

Planeten-Mandala   ◉ Nr. 5

Alter: ab 5 Jahren
Material: DIN-A3-Malpapier, Bleistifte, große Teller, Dessertteller, Untertassen, Wasserbecher, Wasserfarben, Deckweiß, Pinsel

Vorbereitung

Alle Kinder erhalten ein weißes Blatt Papier und zeichnen mithilfe des Geschirrs vier kleiner werdende, ineinander liegende Kreise darauf, indem sie die Umrisse umranden.

Spielablauf

Die Kinder malen zur Musik von der Mitte ausgehend bis zum Kreisrand der Reihe nach die Ringe ihrer Planeten-Mandalas aus. Dafür wählen sie einen Farbton aus, der zum Rand hin mit jedem Ring heller wird, indem er mit Weiß aufgehellt wird.

Am Ende kommen alle Kinder im Kreis zusammen und stellen ihr Planeten-Mandala vor. Wie könnte ihr Planet heißen? Haben sie vielleicht den »blauen Planeten« Erde gemalt? Oder den Mars, der rot schimmert? Vielleicht ist auch ein bislang völlig unbekannter Planet entstanden? Falls ja, erfinden die Kinder gemeinsam einen Namen für ihn.

Wo spürst du die Sonne?

Alter: ab 5 Jahren
Material: pro Kinderpaar 1 Matte oder
Decke, Triangel; evtl. für die Hälfte der
Kinder 1 Triangel

Die Kinder gehen zu zweit zusammen. Eines
der beiden Kinder legt sich entspannt mit dem
Bauch auf die Matte und schließt die Augen.
Es stellt sich vor, dass es auf einer weichen
Wiese in der Sonne liegt. Das Partnerkind
reibt die Handflächen gegeneinander, bis sie
ganz warm sind. Schlägt die Spielleitung die
Triangel an, legt es seine Hände als wärmende Sonnenstrahlen z. B. auf den Nacken des
liegenden Kindes. Es lässt die Hände dort eine
Weile ruhig liegen und schickt in seiner Vorstellung viele warme Strahlen an das liegende
Kind. Ist der Klang der Triangel erneut zu hören, nimmt es die Hände langsam von der Stelle weg, reibt noch einmal kurz die Handflächen gegeneinander und legt sie dann auf eine
andere Körperstelle, z. B. auf den Rücken, auf

die Arme oder auf die Beine. Das geht so lange, bis die Spielleitung die Triangel dreimal anschlägt und damit das Ende der Übung an-
zeigt. Das wärmende Kind lässt seine Hände
langsam vom Körper des Partnerkindes gleiten, das Fäuste bildet, sich reckt und streckt,
seine Augen öffnet und über die Seitenlage
aufsteht. An welchen Körperstellen hat es die
wärmenden Sonnenstrahlen gespürt? Anschließend findet ein Rollenwechsel statt.

Variante
Ein Kind liegt entspannt auf dem Rücken
(➔ S. 10), während das Partnerkind mit einer
Triangel leise möglichst dicht um es herum
geht. Dabei bleibt es hin und wieder stehen,
um die Triangel anzuschlagen und abzuwar-
ten, bis der Ton verklungen ist. Das liegende
Kind bleibt ruhig liegen und genießt die akus-
tischen »Sonnenstrahlen«. Steht das Triangel-
Kind wieder auf seinem Ausgangsplatz, er-
folgt die Zurücknahme für das liegende Kind
(➔ S. 9), bevor beide die Rollen tauschen.

Unsere Sonne   ⊙ Nr. 5

Alter: ab 5 Jahren
Material: Gitarre, DIN-A3-Malpapier, gelbe
Fingerfarbe, pro Kind 1 Matte oder Decke

Sonnenstrahlen

Vorbereitung
Die Spielleitung stimmt die h-Saite der Gitarre
um einen Halbton höher auf c, um die Entspannungsmusik mit allen leeren Gitarrensaiten begleiten zu können (➔ Erläuterungen S. 17).

Spielablauf
Die Kinder sitzen um einen Tisch mit den
Malutensilien herum. Während nun die Spielleitung die Musik leise erklingen lässt, malen
die Kinder mit der gelben Fingerfarbe einen
kleinen Kreis auf die Mitte ihres Papiers. Danach malen sie weitere Ringe um diesen Kreis
herum, sodass ein großer Kreis entsteht. Zupft
die Spielleitung eine beliebige Leersaite, malen
die Kinder ausgehend vom Zentrum des Kreises einen langen gelben Sonnenstrahl in Richtung Blattrand. Ist der Gitarrenton verklungen, setzen sie die Malaktion so wie zu Beginn
fort. Beim nächsten Gitarrenklang malen sie
einen zweiten Sonnenstrahl usw. Erst wenn
die Musik beendet ist, zählen die Kinder ihre
Sonnenstrahlen.

Fantasiereise
Alle Kinder liegen entspannt mit dem Rücken
auf ihren Matten (➔ S. 10) und lauschen der
Entspannungsmusik. Wer mag, schließt die
Augen. Die Spielleitung liest oder spricht den
folgenden Text langsam und ruhig mit vielen
Pausen (◉).

Es ist ein wunderschöner Tag. Der Himmel ist blau und fast wolkenlos.
Du gehst barfuß auf einer Wiese spazieren und spürst das weiche Gras
unter deinen Füßen.

Du fühlst dich wohl und geborgen. Du bist ganz ruhig und entspannt. ◉

Du schaust dich auf der Wiese um und entdeckst viele schöne Blumen.
Du beobachtest einen Marienkäfer, der zu einer Blume vor deinen Füßen
fliegt. Du siehst, wie er es sich auf einem Blütenblatt bequem macht.
Der Marienkäfer ruht sich auf dem weichen Blatt aus. Auch du möchtest
dich ein Weilchen ausruhen und legst dich in das weiche Gras.

Du bist ganz ruhig. Du fühlst dein Gewicht auf das Gras drücken. Deine Arme und Beine sind schwer. Die angenehme Schwere ist ein schönes Gefühl. Du bist nun ganz schwer. ◉

Während du so daliegst, blickst du hinauf zum Himmel und kneifst etwas deine Augen zusammen, um besser zur Sonne schauen zu können. Sie ist der Mittelpunkt unseres Sonnensystems. Sie dreht sich um die eigene Achse. Die Erde dreht sich auch um die eigene Achse und gleichzeitig um die Sonne herum. Sie braucht ein Jahr, um die Sonne zu umkreisen. Alles braucht seine Zeit, und das ist gut so.

Du bist völlig ruhig und fühlst dich wohl. Du genießt die Wärme der Sonne. Deine Arme und Beine sind warm. Du spürst, wie das angenehme Wärmegefühl sich in deinem Körper ausdehnt. Du bist angenehm warm. ◉

Ohne die Sonne würde es auf der Erde kein Leben geben. Die Sonne spendet uns Licht, Wärme und Energie. Wie schön, dass es die Sonne gibt!

Du bist ganz ruhig und entspannt. Dein Atem geht ein und aus, ein und aus. Du atmest gleichmäßig und ganz von allein. ◉

Du weißt, dass alles seine Zeit hat und dass nach jeder Nacht wieder ein Tag folgt – vielleicht mit ganz viel Sonnenschein. Nachts ruhst du dich aus und tagsüber bist du in Bewegung. Manchmal machst du tagsüber eine kleine Pause und ruhst dich aus, um neue Kraft zu schöpfen, so wie jetzt. ◉

Zurücknahme

Wenn du genug Kraft gesammelt hast, kommst du mit deiner Aufmerksamkeit langsam wieder hier in den Raum zurück. Du ballst deine Hände zu Fäusten …
(→ S. 29)
Nun rufst du laut:
»Die Sonne strahlt genau wie ich!
Seht her: So gut fühle ich mich!«

Mein Lieblingsstern    Nr. 5

Alter: ab 5 Jahren
Material: DIN-A3-Malpapier, Pinsel, gelbe Wasserfarbe, Strohhalme, dunkelblaue Buntstifte, pro Kind 1 Matte oder Decke

Pustesterne

Alle Kinder setzen sich um einen Tisch mit den Malutensilien herum. Zur Entspannungsmusik trägt jedes Kind auf seinem weißen Malblatt vier bis fünf kleine gelbe Wasserfarbtropfen auf. Daraus gestalten sie Fantasiesterne, indem sie die Tropfen mit einem Strohhalm über das Papier pusten, sodass sich die gelbe Farbe nach allen Seiten ausbreitet. Die Kinder wiederholen den Vorgang mehrmals.

Die Entspannungsmusik hilft den Kindern innerlich zur Ruhe zu kommen und beim Pusten erst tief in den Bauch ein- und dann langsam durch den Strohhalm auszuatmen.
Sind die Pustesterne fertig, malen die Kinder die weißen Flächen blau aus, sodass ein Nachthimmel entsteht. Ist die Entspannungsmusik beendet, stehen die Kinder auf, um die einzelnen Bilder zu begutachten.

Fantasiereise

Die Kinder breiten ihre Matten aus und legen sich entspannt mit dem Rücken darauf (→ S. 10). Sie lauschen der Entspannungsmusik und schließen dabei wenn möglich die Augen. Die Spielleitung liest oder spricht den folgenden Text langsam und ruhig mit vielen Pausen (◎).

Du liegst abends in deinem Bett und schaust durch das Fenster. Du siehst den leuchtenden Sternenhimmel und freust dich über die vielen funkelnden Sterne. Ein Stern leuchtet besonders schön.
Ganz in der Nähe von dem wunderschönen Stern siehst du plötzlich etwas aufleuchten: eine Sternschnuppe! Du schließt deine Augen und wünschst dir eine große Himmelsleiter herbei, mit der du den wunderschönenbStern erklimmen kannst. Kaum hast du den Wunsch ausgesprochen, entdeckst du eine unendlich lange Leiter! Das eine Ende ragt durch das Fenster direkt in dein Zimmer hinein. Du kletterst Sprosse für Sprosse die Leiter hinauf, immer weiter und immer weiter, bis du schließlich bei deinem Stern angekommen bist. Du kletterst an einer Spitze hinauf und schaust dich um.

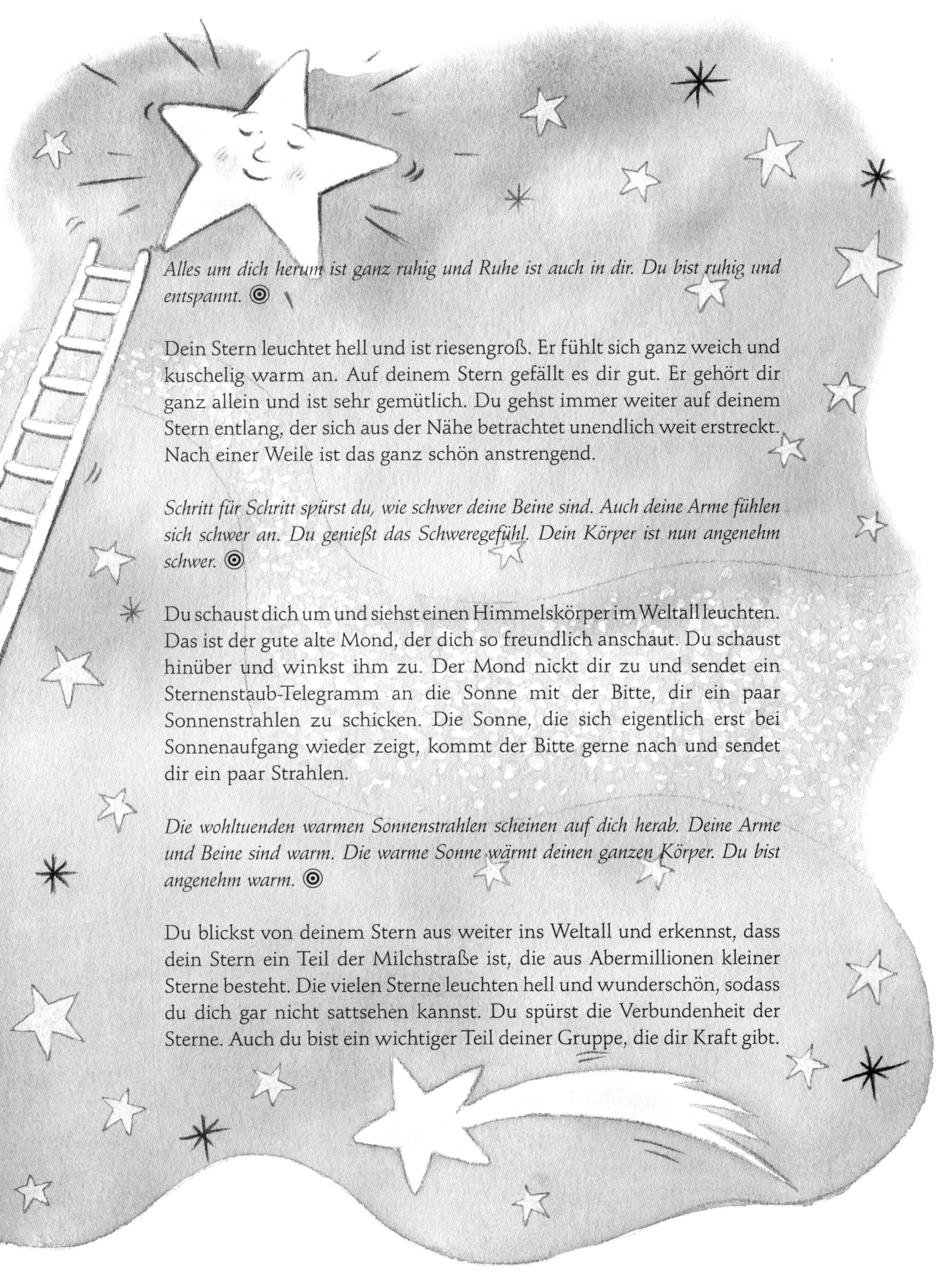

Alles um dich herum ist ganz ruhig und Ruhe ist auch in dir. Du bist ruhig und entspannt. ◎

Dein Stern leuchtet hell und ist riesengroß. Er fühlt sich ganz weich und kuschelig warm an. Auf deinem Stern gefällt es dir gut. Er gehört dir ganz allein und ist sehr gemütlich. Du gehst immer weiter auf deinem Stern entlang, der sich aus der Nähe betrachtet unendlich weit erstreckt. Nach einer Weile ist das ganz schön anstrengend.

Schritt für Schritt spürst du, wie schwer deine Beine sind. Auch deine Arme fühlen sich schwer an. Du genießt das Schweregefühl. Dein Körper ist nun angenehm schwer. ◎

Du schaust dich um und siehst einen Himmelskörper im Weltall leuchten. Das ist der gute alte Mond, der dich so freundlich anschaut. Du schaust hinüber und winkst ihm zu. Der Mond nickt dir zu und sendet ein Sternenstaub-Telegramm an die Sonne mit der Bitte, dir ein paar Sonnenstrahlen zu schicken. Die Sonne, die sich eigentlich erst bei Sonnenaufgang wieder zeigt, kommt der Bitte gerne nach und sendet dir ein paar Strahlen.

Die wohltuenden warmen Sonnenstrahlen scheinen auf dich herab. Deine Arme und Beine sind warm. Die warme Sonne wärmt deinen ganzen Körper. Du bist angenehm warm. ◎

Du blickst von deinem Stern aus weiter ins Weltall und erkennst, dass dein Stern ein Teil der Milchstraße ist, die aus Abermillionen kleiner Sterne besteht. Die vielen Sterne leuchten hell und wunderschön, sodass du dich gar nicht sattsehen kannst. Du spürst die Verbundenheit der Sterne. Auch du bist ein wichtiger Teil deiner Gruppe, die dir Kraft gibt.

Das ist ein wunderschönes Gefühl. Du bist ganz ruhig und entspannt. Dein Atem geht ein und aus, ein und aus. Du atmest gleichmäßig und ganz von allein. ◎

Du bleibst noch ein Weilchen auf deinem Stern liegen und genießt die Ruhe um dich herum. Du weißt jetzt, dass du in der Fantasie jederzeit mit einer Himmelsleiter auf deinen Lieblingsstern klettern kannst, wenn du wieder einmal zur Ruhe kommen und Kraft tanken möchtest. ◎

Zurücknahme

Du verabschiedest dich von deinem Stern, der einen seiner breiten hellen Strahlen ausstreckt, auf dem du ganz leicht und langsam bis in dein Bett zurückrutschst. Nach und nach kommst du mit deiner Aufmerksamkeit wieder hier in den Raum zurück. Du ballst deine Hände zu Fäusten ... (→ S. 29)
Du rufst laut:
»Seht her, ihr Leut' von nah und fern:
Ich strahle hell, so wie mein Stern!«

Willkommen im Zauberland

Im Zauberland der Fantasie tummeln sich Riesen, Zwerge, Einhörner, Elfen und andere Zauberwesen, die eine ganz besondere magische Anziehungskraft auf Kinder ausüben. Sie haben etwas Geheimnisvolles an sich, beflügeln die Fantasie und sind faszinierend und interessant zugleich. So haben Kinder viel Freude daran, auf Entdeckungsreisen in fantastische, farbenfrohe Welten zu gehen, in denen sie verschiedenen Zauberwesen begegnen und sich selbst in Gedanken in verschiedene Figuren verwandeln können.

In diesem Kapitel beschäftigen sich die Kinder spielerisch und entspannt mit geheimnisvollen und schönen Dingen aus dem Zauberland. Das kann z. B. ein wunderschöner Zauberstein, eine geheimnisvolle Zauberschale oder die winzige Mütze eines Zwergs sein. Im Umgang mit den ungewöhnlichen Dingen schärfen sie ihren Blick für das Schöne, das Außergewöhnliche und Unscheinbare.

Mithilfe der Fantasiereisen können die Kinder sich selbst ins Zauberland begeben und dabei viel Neues, Schönes und Geheimnisvolles entdecken. Die angenehmen Fantasieinhalte stärken das Selbstwertgefühl, fördern die kindliche Kreativität und sorgen für Ruhe und Entspannung.

Willkommen im Zauberland

Alter: ab 5 Jahren
Material: farbiges Papier, Schere, Klebstoff,
pro Kind 1 Matte oder Decke

Vorbereitung

Die Spielleitung schneidet aus den verschiedenfarbigen Papieren für jedes Kind einen Kreis mit ca. 4 cm Durchmesser aus. Sie schneidet die Kreise an einer Stelle bis zur Mitte ein, schiebt die offenen Seiten übereinander, sodass ein spitzes Hütchen entsteht, und klebt sie fest.

Spielablauf

Die Kinder legen sich entspannt mit dem Rücken auf ihre Matten (➔ S. 10) und schließen die Augen. Sie lauschen den Worten der Spielleitung:

»Stell dir vor, du bist im Zauberland. Dort gibt es viele farbenfrohe Riesenblumen und prächtige Bäume mit silbernen und goldenen Blättern zu sehen. Während du so dastehst und alles auf dich wirken lässt, siehst du ein kleines, zartes Geschöpf in deine Richtung fliegen. Es ist eine Elfe, die direkt neben dir landet und dich im Zauberland herzlich willkommen heißt.◉

Die kleine Elfe ruft ihren Freund, den Zwerg herbei, der wie aus dem Nichts hinter einer farbenfrohen Riesenblume hervortritt. Er trägt einen langen Bart und eine winzige Mütze, die er höflich vom Kopf nimmt, um dich zu begrüßen.◉

Nun ruft der Zwerg seinen Freund, den Riesen herbei. Der Riese kommt mit langsamen Riesenschritten auf dich zu. Er sieht mächtig groß und stark aus. Dennoch fürchtest du dich nicht, denn der Riese ist sehr freundlich und begrüßt dich mit einem Augenzwinkern.◉

Der Riese ruft seinen Freund, den Zauberer herbei. Dieser trägt einen großen Zylinder und einen langen, schwarzen Umhang. Der Zauberer nimmt seinen Zylinder vom Kopf und schwingt mit der anderen Hand einen geheimnisvollen Zauberstab durch die Luft – es macht leise ›Plopp‹ und es erscheint ein kleiner Hase in seinem Zylinder! Der Zauberer und der Hase begrüßen dich freundlich und hoffen, dass es dir im Zauberland gut gefällt.◉

Der Zauberer schenkt dir seinen großen Zylinder und den Zauberstab, mit denen du weitere Freunde aus dem Zauberland herbeizaubern kannst. Vielleicht eine wunderschöne, zierliche Fee oder ein Einhorn? Vielleicht möchtest du auch ganz andere Wesen mit dem Zauberstab aus dem Hut hervorzaubern. Lass dir dafür einen Augenblick Zeit und begrüße sie alle in Ruhe.«◉

Vor der Zurücknahme legt die Spielleitung jedem Kind möglichst unbemerkt einen winzigen Hut auf den Bauch als Geschenk des Zwerges.

»Nach einer Weile wird es Zeit, wieder nach Hause zu gehen, und du winkst allen Wesen im Zauberland zum Abschied zu. Langsam kehrst du mit deiner Aufmerksamkeit wieder hier in den Raum zurück. Du ballst deine Hände zu Fäusten ...(➔ S. 29).«

Die Kinder bewundern ihren Hut, stülpen ihn über einen Zeigefinger und rufen laut:

»Ich bin so fröhlich wie ein Zwerg,
der lustig hüpft in seinem Berg!«

Im Zauberland gibt es eine Fee ...

◉ Nr. 6

Alter: ab 5 Jahren
Material: Tapetenrolle, Wachsmalstifte

Die Kinder sitzen im Kreis um ein großes Stück Tapetenrolle mit den Wachsmalstiften herum und überlegen sich, wie ihr eigenes Zauberland wohl aussehen würde. Eines der Kinder beginnt und sagt z. B.: »*Im Zauberland gibt es eine gute Fee!*« Das nächste Kind ergänzt den Satz: »*Im Zauberland gibt es eine gute Fee und ein verwunschenes Schloss!*« Auf diese Weise wird das Spiel so lange weitergeführt, bis alle Kinder an der Reihe gewesen sind. Kann ein Kind nichts Neues mehr hinzufügen oder vergisst eines der aufgezählten Dinge, helfen die übrigen Kinder oder die Spielleitung mit.

Anschließend stellt die Spielleitung die Entspannungsmusik an, zu der die Kinder ohne miteinander zu sprechen gemeinsam ihr Zauberland malen. Wer möchte, wechselt hin und wieder leise den Platz und kann dort ergänzen, was andere Kinder gemalt haben.

Kommen die Kinder mit dem Malen zum Schluss, lässt die Spielleitung die Musik langsam verklingen und alle legen die Stifte zur Seite. Die Kinder stehen auf, gehen langsam um ihr Bild herum und erzählen, was sie alles entdecken und vielleicht noch hinzufügen wollen.

Zauberwald-Massage

Alter: ab 4 Jahren

Die Kinder sitzen mit der Spielleitung hintereinander im Stuhlkreis. Dabei sitzt jedes zweite Kind rittlings auf seinem Stuhl, verschränkt die Arme auf der Lehne und legt den Kopf darauf ab, sodass das Kind hinter ihm seinen Rücken massieren kann. Während die Spielleitung die Streichelmassage langsam und deutlich spricht oder vorliest, macht sie bei dem Kind vor ihr die Massagebewegungen mit, die alle anderen massierenden Kinder gleich nachahmen:

Der Zauberwald ist herrlich bunt.
Die Pflanzenblätter sind ganz rund.
mit flachen Händen kreisförmig über die Schultern streichen
Im Zauberwald gibt's viel zu seh'n.
Wohin wohl werden wir nun geh'n?
den Rücken entlang bis zum Becken streichen
Die Zwerge springen hin und her.
Sie sind froh und freu'n sich sehr.
mit den Fingerspitzen sanft auf den Rücken klopfen
In weiter Ferne schwebt die Fee:
Du siehst sie überm blauen See.
mit flachen Händen langsam im Kreis entlang der Wirbelsäule über den Rücken streichen
Du findest einen Riesenschuh,
legst dich hinein in aller Ruh.
Hände ruhig auf den Rücken legen
Erfrischt kletterst du wieder raus
und gehst ganz munter bis nach Haus'.
mit flachen Händen vom Nacken bis zum Becken streichen, dann mit Zeige- und Mittelfinger über den Rücken spazieren

Ich wäre gern ...

Alter: ab 5 Jahren
Material: pro Kind 1 Matte oder Decke, DIN-A3-Malpapier, Wachsmalstifte

Alle Kinder verteilen sich im Raum und legen sich entspannt mit dem Rücken auf ihre Matten (➔ S. 10). Die Spielleitung sagt: »Stell dir vor, du bist im Zauberland und verwandelst dich in ein Zauberwesen. Was wirst du wohl sein? Eine Fee, ein Zauberer, ein Zwerg, ein Riese oder etwas ganz anderes? ◎
Bist du groß oder klein? Welche Kleidung trägst du? Vielleicht eine bunte Hose, ein langes Rüschenkleid, einen kostbaren Umhang oder einen Turban? Wie sehen deine Haare aus? Welche Farbe haben sie, sind sie lang oder kurz, verstrubbelt oder besonders schön frisiert? Hast du besondere Gegenstände bei dir, z. B. einen Zauberstab, einen magischen Stein oder eine

Wunderblume? Schau' dich von Kopf bis Fuß genau an, als stündest du vor einem Spiegel. Betrachte dich in aller Ruhe und ganz ausgiebig. ◎
Was glaubst du, was die anderen Wesen im Zauberland an dir bewundern? Ist es vielleicht deine Klugheit, dein Mut oder deine Schönheit? Vielleicht ist es auch dein Lachen, das alle anderen mitreißt? ◎
Du schaust dich noch einmal genau an, ehe du dich wieder in deinen Körper zurückverwandelst und das Zauberland verlässt. Langsam kommst du mit deiner Aufmerksamkeit wieder in den Raum zurück. Du ballst deine Hände zu Fäusten ...« (➔ S. 29).
Am Ende malen alle Kinder auf, was sie soeben in ihrer Fantasie verkörpert haben. Wer möchte, stellt sein Bild zum Schluss allen vor und erzählt, was so faszinierend an dieser Figur ist.

In der Edelsteinhöhle ⊙ Nr. 6

Alter: ab 4 Jahren
Material: für die Hälfte der Kinder 1 kleiner Tisch und 1 Bettlaken oder Decke, pro Kind 1 Matte oder Decke, viele Steine

Vorbereitung

Die Kinder bauen Edelsteinhöhlen für Zwerge. Dazu stellen sie für die Hälfte der Kinder je einen kleineren Tisch im Raum auf und decken ein Bettlaken darüber, sodass eine Höhle entsteht. Unter den Tischen legen sie zwei Matten aus und auf jede Tischplatte werden ein paar Steine als Edelsteine gelegt.

Spielablauf

Alle Zwergen-Kinder kuscheln sich auf eine freie Matte in eine der Höhlen, schließen ihre Augen und ruhen sich aus. Die Spielleitung stellt die Entspannungsmusik an und geht ganz leise durch den Raum, bis sie vor einer Höhle stehen bleibt. Sie klopft mit einem der Steine dreimal kurz auf die Tischplatte, um sich am Höhleneingang bemerkbar zu machen. Dann krabbelt sie in die Höhle hinein und weckt eines der beiden Zwergen-Kinder. Es reckt und streckt sich, öffnet die Augen und steht über die Seitenlage auf. Es krabbelt aus der Höhle heraus und überlässt seinen Platz auf der Matte der Spielleitung. Der neue Wander-Zwerg geht leise durch den Raum, um sich auf die gleiche Art eine neue Bleibe zu suchen ...

Riesen-Zwergen-Tanz ⊙ Nr. 6

Alter: ab 4 Jahren

Alle Kinder stehen mit genügend Abstand zueinander im Kreis. Die Spielleitung schaltet leise die Entspannungsmusik ein und sucht sich einen Platz auf der Kreisbahn. Sie macht sämtliche Tanzbewegungen vor, die die Kinder gleich mitmachen. Sie formt z.B. mit ihren Händen über dem Kopf eine spitze Mütze, macht sich ganz klein und dreht sich als Zwerg mit langsamen Tippelschritten auf der Stelle, mal rechts- und mal linksherum. Sobald sie sich jedoch an die Hüften fasst und ganz groß macht, verwandelt sie sich in einen Riesen. Mit großen, langsamen Schritten geht sie mit den Kindern auf der Kreisbahn herum, dann ein Stück zur Kreismitte und wieder zurück, bevor sie sich erneut ganz klein macht und in einen Zwerg verwandelt ...

Elfe, Einhorn oder Zwerg?

Alter: ab 4 Jahren
Material: pro Kind 1 Matte oder Decke,
Zylinder, Stoffhase o. Ä., Tuch, Zauberstab

Alle Kinder sitzen im Raum verteilt auf ihren
Matten. Die Spielleitung steht in der Raum-
mitte. In der einen Hand hält sie den Zylinder,
in dem ein Stoffhase steckt, der von einem
Tuch verdeckt ist, und in der anderen Hand
den Zauberstab. Sie spricht einen Zauberspruch und tippt dreimal mit dem Zauberstab
an den Zylinder. Nach einem kurzen Span-
nungsmoment bittet sie alle Kinder, sich entspannt auf den Rücken zu legen (➜ S. 10) und
sich vorzustellen, was wohl im Zauberhut
sein kann: »*Wie fühlt sich das, was im Zylinder
steckt, wohl an? Ist es weich oder hart? Groß oder
klein? Hat es ein Fell oder ist es glatt? Hat es eine
besondere Farbe?* ◎
*Ist es vielleicht eine Taube, eine Elfe, die heraus-
schwebt, eine Blume oder etwas ganz anderes?* ◎
*Schau dir das, was du im Zylinder siehst, ganz ge-
nau an. Schau auf jede Kleinigkeit, die du entdecken
kannst.* ◎
*Wenn du dir alles genug angesehen hast, kehrst du
langsam wieder mit deiner Aufmerksamkeit in den
Raum zurück. Du ballst deine Hände zu Fäusten ...*
(➜ S. 29).«
Die Kinder kommen im Kreis zusammen und
erzählen sich, was sie im Zylinder alles gesehen haben. Erst ganz zum Schluss holt die
Spielleitung den Stoffhasen aus dem Zylinder
hervor.

Zwerg- und Riesen-Mandala

Alter: ab 5 Jahren
Material: Naturmaterialien; evtl. Digital-
kamera
Ort: Wald

Die Kinder machen einen Waldspaziergang.
Dafür bilden sie zwei Gruppen: Die eine Hälfte sammelt als Zwerge viele kleine Naturmaterialien, z. B. Eicheln, Tannennadeln, kleine
Steinchen und dünne Zweige. Die andere Hälfte sammelt als Riesen große Naturmaterialien, z. B. Zapfen, dicke Steine, Äste und große Blätter.

Zauberkugeln ⊚ Nr. 6

Alter: ab 4 Jahren
Material: Tapetenrolle, Fingerfarben

Die Kinder setzen sich um ein ca. 3 m langes Stück Tapetenrolle herum und erhalten mehrere Fingerfarben. Dabei wählt die Spielleitung keine Komplementärfarben aus, sondern nur homogene Farben, z. B.:
~ Rot, Gelb, Orange und Weiß
~ verschiedene Blautöne und Weiß
~ Gelb, Grün und Weiß usw.
So entsteht beim Vermischen der Farben kein Braun.
Die Spielleitung schaltet die Entspannungsmusik ein, von der sich die Kinder zu einem Zauberkugel-Bild inspirieren lassen. Dazu malen sie – ohne miteinander zu sprechen – mit den Fingern gleichzeitig von allen Seiten lauter kleine und große Farbpunkte. Sie tupfen einen Farbklecks auf das Papier und kreisen mit ihren farbbeschmierten Zeigerfingern so lange auf der Tapete, bis an ihren Fingern keine Farbe mehr haftet. Die so entstehenden Zauberkugeln sollen sich dabei überlappen, bis keine weiße Fläche mehr zu sehen ist. Dadurch bilden sich lauter neue Farbton-Abstufungen. Die Musik und die immer gleichen, sich wiederholenden Kreisformen unterstützen dabei den meditativen Charakter der Malaktion.

Variante
Mehrere Kleingruppen gestalten jeweils ein kleineres Tapetenstück mit Zauberkugeln. Dazu erhält jede Gruppe einen anderen homogenen Farbsatz, sodass lauter Zauberkugel-Bilder in verschiedenen Farbtönen herauskommen. Die fertigen Bilder lassen sich dekorativ nebeneinander an einer Wand aufhängen.

Beide Gruppen suchen sich eine Lichtung und gestalten ihre Mandalas vor Ort: Die Zwergen-Kinder suchen sich einen besonders schönen winzigen Stein und die Riesen-Kinder einen großen Stein für die Mitte ihres Mandalas und beide Gruppen legen ihre übrigen Materialien von dort ausgehend in Ringen um den Stein herum. So entstehen ein winziges Zwergen-Mandala und ein übergroßes Riesen-Mandala.
Am Ende gehen die Zwergen- und Riesen-Kinder schweigend um die Mandalas herum und bestaunen sie in aller Ruhe. Wenn möglich macht die Spielleitung Fotos von beiden Mandalas und zeigt sie den Kindern in der Einrichtung.

Zaubervogel

Alter: ab 5 Jahren
Material: pro Kind 1 Sitzkissen, bunte Bastelfedern, 1 Matte oder Decke, (Digital-) Kamera; evtl. für die Hälfte der Kinder 1 Matte

Alle Kinder sitzen zusammen im Kreis auf ihren Kissen. Die Spielleitung hält eine Feder in der Hand und erzählt den Kindern, dass es sich um eine Feder von einem Zaubervogel handelt. Die Kinder schließen ihre Augen und stellen sich den Zaubervogel vor. Die Spielleitung leitet sie an: *»Wie sieht der Zaubervogel wohl aus? Ist er einfarbig oder bunt? Ist er klein oder groß? Sieht er irgendeinem Vogel ähnlich, den du kennst? Sieht er vielleicht wie ein Strauß oder wie ein Papagei aus?«*

Nach einer kurzen Pause öffnen die Kinder wieder ihre Augen. Ein Kind legt sich entspannt mit dem Rücken auf eine Matte (→ S. 10) in die Mitte des Kreises und schließt die Augen. Die Spielleitung verteilt währenddessen im Innenkreis jede Menge Federn. Ein Kind aus dem Sitzkreis wählt eine der Federn aus und legt sie vorsichtig auf oder neben das liegende Kind, z. B. auf ein Bein, einen Arm, auf den Bauch oder sacht auf die Stirn. Danach geht es leise auf ein anderes Kind im Kreis zu und tauscht mit ihm den Platz. Dieses Kind setzt das Spiel auf die gleiche Art fort.

Wurden alle Federn auf oder neben dem liegenden Kind platziert, zeigt sich der »Zaubervogel« in seiner ganzen Pracht und wird von der Spielleitung fotografiert. Die Kinder wiederholen das Spiel einige Male, sodass recht unterschiedliche »Zaubervögel« entstehen und möglichst viele Kinder so ganz nebenbei die Entspannungshaltung im Liegen einüben können.

Variante

Die Kinder bilden Paare. Eines der beiden legt sich in entspannter Rückenlage auf seine Matte (→ S. 10) und das andere holt sich ein paar Federn, die es auf oder neben dem liegenden Kind platziert. Sind alle liegenden Kinder mit Federn ausgestattet, geht die andere Hälfte der Gruppe leise um die Zaubervogel-Kinder herum, um sie zu bestaunen und zu fotografieren. Danach erfolgt ein Rollenwechsel.

Klangzauber

Bei einer »Klangmassage« wird nicht mit den Händen massiert, sondern mit den Schallwellen von Tönen, die mit Klangschalen auf oder dicht über dem Körper erzeugt werden. Die im Körper entstehenden leichten Vibrationen wirken entspannend und beruhigend.

Alter: ab 5 Jahren
Material: pro Kind 1 Matte oder Decke, Klangschale

Die Kinder setzen sich im Kreis auf ihre Matten und jedes denkt an ein ruhiges Tier, z. B. eine Schnecke, einen Schmetterling, eine Katze, eine Schildkröte oder einen Elefanten.
Alle legen sich entspannt mit dem Rücken auf ihre Matten (➜ S. 10) und die Spielleitung geht mit der Klangschale leise im Kreis herum. Sie bleibt vor einem Kind stehen, setzt die Schale vorsichtig auf dessen Bauch ab und schlägt sie sanft mit dem Schlegel an, um das Kind mit dem Klangzauber in ein Tier zu verwandeln. Die Schwingungen der Schale kann das liegende Kind mit seinem Körper gut spüren. Sobald es nichts mehr fühlt und hört, ballt es die Hände zu Fäusten ... (➜ S. 9 „Zurücknahme"). Steht das Kind vor seiner Matte, bewegt es sich wie sein erdachtes Tier einmal im Kreis herum, bevor es sich wieder hinlegt. Die Spielleitung setzt das Spiel auf die gleiche Art mit einem neuen Kind fort. Erst wenn alle Kinder einmal an der Reihe gewesen sind, stellt sie die Klangschale in der Mitte auf den Boden und schlägt sie dreimal an, woraufhin alle Kinder Fäuste bilden ... (➜ S. 9). Stehen alle Kinder im Raum, verwandeln sie sich in ihr Tier und bewegen sich gemeinsam eine Runde durch den Kreis. Ertönt die Klangschale wieder dreimal, verwandeln sich alle Tiere zurück in Kinder.

Zauberstein, das wünsche ich mir ...   ◉ Nr. 6

Alter: ab 5 Jahren
Material: pro Kind ca. 2 Kieselsteine, Zauberstab

Die Kinder verteilen überall im Raum Steine auf dem Boden. Die Spielleitung geht mit dem Zauberstab herum und berührt jeden Stein einmal damit. Sie erklärt, dass es sich nun um Zaubersteine handelt, denen die Kinder ihre Wünsche anvertrauen können.
Zur langsamen Musik gehen die Kinder zwischen den Steinen umher. Hin und wieder bleiben sie stehen, um sie zu begutachten. Wer einen Stein gefunden hat, der ihm besonders gut gefällt, setzt sich davor auf den Boden. Alle Kinder nehmen ihren Stein in die Hand und betrachten ihn ganz genau: seine Farbschattierungen, seine Oberfläche, vielleicht eine Besonderheit ... Dabei denken sie an einen oder mehrere Wünsche.
Ist die Musik zu Ende, kommen die Kinder mit ihren Steinen im Kreis zusammen. Wer mag, erzählt etwas über seinen Stein oder über seine Wünsche, die vielleicht sogar irgendwann in Erfüllung gehen. Wer seinen Wunsch lieber geheim hält, nimmt nur schweigend den Stein in die Hand und denkt daran. Am Ende des Tages nehmen alle Kinder ihren Stein mit nach Hause.

Einhorn-Klangreise

Alter: ab 4 Jahren
Material: 1 Matte oder Decke für die Hälfte der Kinder, viele (Orff-)Instrumente (z. B. Triangel, Schellenkranz, mehrere Holzblocktrommeln ...)

Die eine Hälfte der Kinder legt sich entspannt mit dem Rücken auf ihre Matten (➜ S. 10). Alle übrigen Kinder stellen den Tag eines Einhorns mit (Orff-)Instrumenten dar. Zum Beispiel: Ein Triangelschlag = ein Sonnenstrahl weckt das Einhorn. Schellenkranz = das Einhorn schüttelt seine Mähne. Holzblocktrommel = das Einhorn trabt über eine Wiese. Schlürfgeräusche = das Einhorn trinkt aus einem Fluss. Mehrere Holzblocktrommeln = das Einhorn begegnet anderen Einhörnern. Mehrere Holzblocktrommeln und Schellenkranz = die Einhörner laufen um die Wette. Holzblocktrommel = das Einhorn trabt allein nach Hause. Triangel = die Sonne geht unter und das Einhorn legt sich schlafen.
Am Ende erfolgt die Zurücknahme für die liegenden Kinder (➜ S. 9). Sie berichten von ihren Höreindrücke und erzählen, was das Einhorn ihrer Meinung nach alles an einem Tag erlebt hat. Erst danach erzählt die zweite Gruppe, an welche Erlebnisse sie selbst gedacht hat.
Beim Rollentausch denkt sich die andere Gruppe eine Klangreisen-Geschichte aus – vielleicht wollen sie von einer Fee erzählen, die im verzauberten Wald lebt, oder von einem Zauberer, der mit seinem Zauberstab verschiedene Dinge herbeizaubert ...?

Was macht das Heinzelmännchen?

Im Zauberland gibt es ein Heinzelmännchen, das alles still und heimlich aufräumt und das wir nur hören können, wenn wir ganz leise sind.

Alter: ab 4 Jahren
Material: pro Kind 1 Matte oder Decke

Alle Kinder liegen entspannt mit dem Rücken auf ihren Matten (➜ S. 10). Die Spielleitung geht als Heinzelmännchen durch den Raum und räumt mit leisen Geräuschen verschiedene Sachen auf. Sie räumt z. B. Bauklötze in eine Kiste, steckt Malstifte in eine Dose oder faltet Decken und Tücher zusammen und stapelt sie. Währenddessen versuchen die Kinder anhand der Geräusche herauszufinden, was das Heinzelmännchen alles aufräumt.
Nach vier bis fünf verschiedenen Geräuschen erfolgt die Zurücknahme (➜ S. 9). Die Kinder bilden einen Kreis und berichten nacheinander, welche Geräusche sie gehört haben und welche Vermutung sie haben, was das Heinzelmännchen aufgeräumt hat. Die Spielleitung gibt Antwort, indem sie noch einmal zu den einzelnen Sachen geht und zeigt, was sie getan hat.

In der Zauberlandschaft  Nr. 6

Alter: ab 5 Jahren
Material: DIN-A4-Malpapier, grüne Buntstifte, Borstenpinsel, Wasserfarben in Rot, Gelb und Blau, Klangschale, pro Kind 1 Matte oder Decke und 1 Glucksbringer (z. B. Schokoladen-Hufeisen o. Ä.)

Farben-Zauberer

Die Kinder setzen sich mit ihren Malutensilien um einen Tisch herum und malen drei grüne Blütenstängel auf ihr Blatt. Die Spielleitung schlägt die Klangschale dreimal an, wobei sie jeden Ton einzeln verklingen lässt. Zu jedem Klang malen die Kinder eine Blüte auf ihre Stängel: eine in Rot, eine in Gelb und eine in Blau.

Ist der dritte Ton verklungen, murmelt die Spielleitung einen Zauberspruch. Die Kinder werden dadurch zu Farben-Zauberern: Zu den erneuten drei Tönen der Klangschale übermalen sie alle Blüten mit einer anderen Farbe: Übermalen sie z. B. eine gelbe Blüte mit Blau, entsteht eine grüne Blüte usw. Auf diese Art zaubern sie für alle Blüten eine neue Farbe.

Fantasiereise

Die Kinder legen sich in entspannter Rückenlage auf ihre Matten (→ S. 10) und lauschen der Entspannungsmusik. Wer mag, schließt dabei die Augen. Die Spielleitung liest oder spricht den folgenden Text langsam und ruhig mit vielen Pausen (◎).

In der Fantasie ist alles möglich. Stell dir einmal vor, dass du zaubern kannst. Wie würde wohl deine kleine Welt aussehen, die du dir herbeizauberst? In Gedanken nimmst du einen Zauberstab und murmelst leise: »Zi-za-zi-za-Zauberei, Zauberlandschaft komm herbei!« Kaum ist der Zauberspruch beendet, entsteht im Raum eine wunderschöne Landschaft mit vielen schönen Blumen und kleinen Elfen, die von Blüte zu Blüte fliegen und sich ihres Lebens freuen. In einem Teich entdeckst du viele fröhlich umherschwimmende Zauberfische, die Schuppen aus Gold und Edelsteinen haben.

Du genießt die Ruhe um dich herum. Du bist ganz ruhig und entspannt. ◎

Du machst einen kleinen Spaziergang und schaust dir alles genau an, was du herbeigezaubert hast. Von Weitem erkennst du viele Zwerge, die langsam und gemütlich ins Bergwerk gehen, um zu arbeiten. Sie kennen keine Eile und wissen, dass sie ohne Hast viel gesünder und entspannter leben. Die Ruhe und Gelassenheit der Zwerge überträgt sich auf dich.
Du gehst weiter und entdeckst ein wunderschönes Einhorn, das sich im weichen Gras ausruht. Mit seinem ganzen Gewicht drückt es sich auf das Gras und ist angenehm schwer. Du weißt, dass das Einhorn jetzt ganz entspannt ist und dabei Kraft für neue Aufgaben tankt.

Deine Arme und Beine sind so schwer wie die des Einhorns. Du fühlst nun die Schwere in deinem Körper. Du bist ganz schwer. ◎

Der Wind streichelt sanft um dein Gesicht. Du gehst noch ein kleines Stück des Wegs entlang, bis du vor einem großen Baum stehen bleibst, an dem viele Hufeisen, Kleeblätter und andere Glücksbringer hängen. So einen Baum hast du noch nie gesehen. Stolz und prächtig steht er da. Du breitest deine Arme aus und umarmst den dicken Stamm. Die Sonne scheint angenehm warm auf dich herab.

Du spürst die Wärme der Sonnenstrahlen. Deine Arme und Beine sind warm. Das schöne Wärmegefühl breitet sich im ganzen Körper aus. Du bist angenehm warm. ◎

Zum Abschied schenkt dir der Baum einen Glücksbringer, der dich an ihn erinnern soll. Du bedankst dich bei deinem Baum und gehst weiter. Dabei streichelt der Wind sanft um dein Gesicht.

Du genießt alles um dich herum und bist ganz ruhig. Dein Atem geht ein und aus, ein und aus. Du atmest gleichmäßig und ganz von allein. ◎

Zurücknahme

Nun wird es Zeit wieder nach Hause zu gehen. Du nimmst deinen Zauberstab in die Hand und murmelst: *»Zi-za-zi-za-Zauberei, die Zauberlandschaft sei vorbei!«* Und schon bist du wieder hier im Raum angekommen. Du ballst deine Hände zu Fäusten ... (→ S. 29)
Du rufst laut:
*»Der Zauber ist nun ganz gebannt,
ich fühl mich wohl und bin entspannt!«*

Am Ende der Fantasiereise erhält jedes Kind einen Glücksbringer, den ihm der Baum zum Abschied geschenkt hat.

Der besondere Kieselstein

◉ Nr. 6

Alter: ab 5 Jahren
Material: jede Menge Kieselsteine, pro Kind 1 Augenbinde und 1 Matte oder Decke

Steine ertasten

Die Kinder setzen sich um einen Tisch herum, auf dem die Spielleitung jede Menge Kieselsteine verteilt. Sie verbindet den Kindern die Augen und legt vor jedes Kind einen Stein. Alle Kinder tasten ihren Kieselstein genau ab. Die Spielleitung fragt die Kinder: »*Wie fühlt sich der Kieselstein an? Ist er besonders groß oder klein? Ist er rau oder glatt? Hat er Ecken und Kanten oder ist er rund geschliffen?*« Die Kinder geben Antwort, bevor sie die Augenbinden abnehmen, um die Steine miteinander zu vergleichen. Wie sehen sie aus? Ist nicht jeder Kieselstein einzigartig und etwas ganz Besonderes?

Fantasiereise

Die Kinder liegen entspannt mit dem Rücken auf ihren Matten (➔ S. 10) und lauschen der Entspannungsmusik. Wer mag, schließt dabei die Augen. Die Spielleitung liest oder spricht den folgenden Text langsam und ruhig mit vielen Pausen (◉).

Stell dir vor, du gehst gemütlich einen Weg entlang, auf dem viele Kieselsteine liegen. Du bleibst stehen, betrachtest die Steine und suchst dir den Schönsten aus. Du kniest dich auf den Boden und hebst ihn auf. Er fühlt sich angenehm an und ist gerade so groß, dass du ihn gut mit einer Hand umschließen kannst. Langsam stehst du auf und bewunderst den Kieselstein, der im hellen Licht der Sonne leuchtet.

Alles um dich herum ist ganz friedlich und Ruhe ist auch in dir. Du bist ruhig und entspannt. ◉

Du bist fasziniert von dem schönen Kieselstein und kannst dich einfach nicht sattsehen. Aber dann hörst du, wie eine tiefe und ruhige Stimme sagt: »*Ich bin ein ganz besonderer Kieselstein und kann dich zu einer Edelsteinhöhle bringen.*« Eine Edelsteinhöhle? Das wäre bestimmt herrlich. Du bist einverstanden und hältst den Stein fest in deiner Hand, während du kurz die Augen schließt und dir vorstellst, wie die Höhle wohl aussehen mag. Als du die Augen wieder öffnest, stehst du tatsächlich im Eingang einer wunderschönen Edelsteinhöhle.

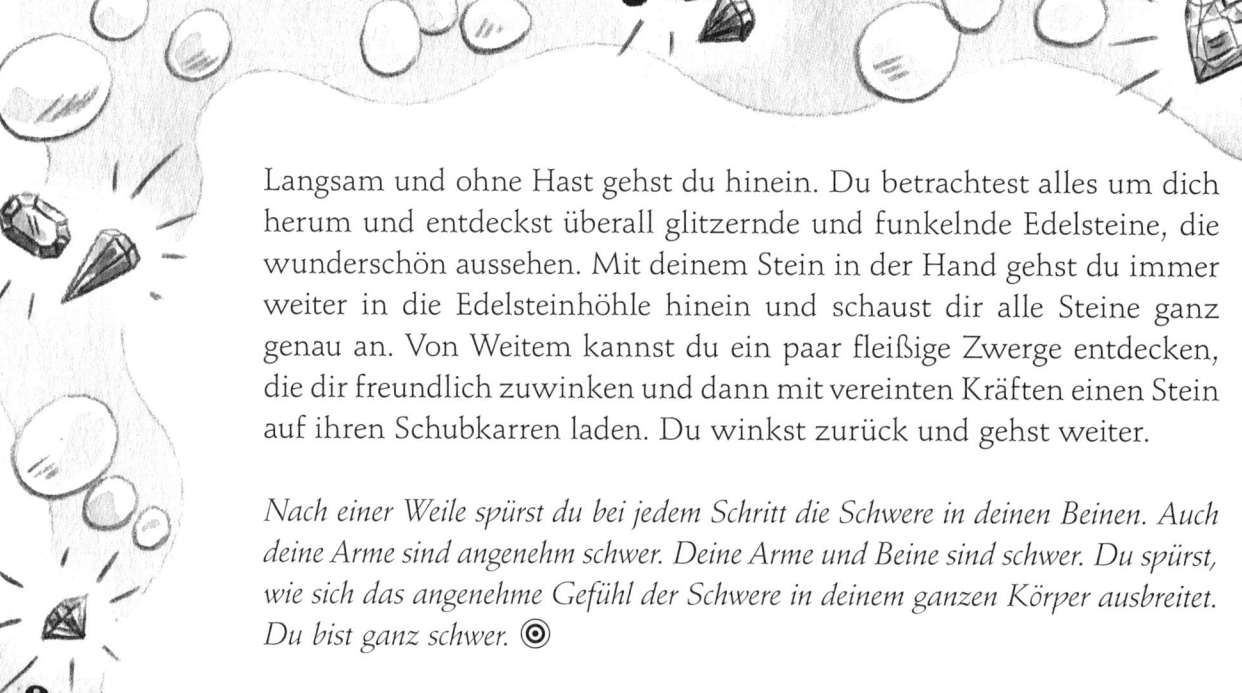

Langsam und ohne Hast gehst du hinein. Du betrachtest alles um dich herum und entdeckst überall glitzernde und funkelnde Edelsteine, die wunderschön aussehen. Mit deinem Stein in der Hand gehst du immer weiter in die Edelsteinhöhle hinein und schaust dir alle Steine ganz genau an. Von Weitem kannst du ein paar fleißige Zwerge entdecken, die dir freundlich zuwinken und dann mit vereinten Kräften einen Stein auf ihren Schubkarren laden. Du winkst zurück und gehst weiter.

Nach einer Weile spürst du bei jedem Schritt die Schwere in deinen Beinen. Auch deine Arme sind angenehm schwer. Deine Arme und Beine sind schwer. Du spürst, wie sich das angenehme Gefühl der Schwere in deinem ganzen Körper ausbreitet. Du bist ganz schwer. ◉

Da entdeckst du einen großen, flachen Stein auf dem Boden, auf dem etwas ausgebreitet liegt. Du gehst näher heran und erkennst ein weiches Lammfell, auf dem du gerne Platz nimmst. Du legst dich mit dem Rücken darauf und machst es dir so richtig bequem. Die Steine an der Decke über dir funkeln wie tausend Diamanten auf dich herab und lassen die Höhle in angenehmen Farben erstrahlen.

Auf dem weichen Lammfell genießt du alles um dich herum und fühlst dich wohl und geborgen. Du bist ganz ruhig. Du kannst die wohltuende Wärme des Lammfells spüren. Deine Arme und Beine sind warm. Das Lammfell wärmt angenehm deinen ganzen Körper. Du bist angenehm warm. ◉

Während du so daliegst und vor dich hin träumst, meldet sich der Kieselstein noch einmal zu Wort und sagt mit seiner ruhigen und tiefen Stimme: *»Mit meiner Kraft und Energie, die auch in dir steckt, kannst du jederzeit wieder zur Edelsteinhöhle gelangen und dich gut entspannen. Du kannst mich überall draußen entdecken und mit mir die Edelsteinhöhle besuchen, wann immer du möchtest.«*

Du freust dich über die Worte des Kieselsteins und bedankst dich für alles.

Du fühlst dich wohl und entspannt. Dein Atem geht ein und aus, ein und aus. Du atmest gleichmäßig und von ganz allein. ◉

Es ist faszinierend, wie schön hier alles ist. Du träumst noch ein Weilchen vor dich hin und erinnerst dich noch einmal an den Kieselstein und an das, was du alles in der Edelsteinhöhle erlebt hast. ◉

Zurücknahme

Allmählich verblasst das Bild von der Edelsteinhöhle und du kehrst mit der Aufmerksamkeit wieder hier in den Raum zurück. Du ballst deine Hände zu Fäusten ...(➜ S. 29).

Jetzt rufst du laut:

»Wie der besondre Kieselstein,
so kraftvoll werde ich heut sein!«

Anhang

Register

Literatur

Erkert, Andrea: Die 50 besten Wahrnehmungsspiele. München (Don Bosco) 2008.

Erkert, Andrea: Inseln der Entspannung. Kinder kommen zur Ruhe mit 77 phantasievollen Entspannungsspielen. Münster (Ökotopia) 1998.

Frank, Annegret: Streicheln, Spüren, Selbstvertrauen. Massagen, Wahrnehmungs- und Interaktionsspiele, Entspannungsgeschichten und Atemübungen zur Förderung des Körperbewusstseins. Münster (Ökotopia) 2003.

Friebel, Volker, Erkert, Andrea und Friedrich, Sabine: Kreative Entspannung im Kindergarten. Freiburg im Breisgau (Lambertus) 1993.

Friebel, Volker: Kinder entdecken die Langsamkeit. Musikalisch spielerische Förderung von Konzentration, Achtsamkeit und

Wohlbefinden. Münster (Ökotopia) 2008. *(mit Begleit-CD)*

Günther, Sybille: Snoezelen – Traumstunden für Kinder. Praxishandbuch zur Entspannung und Entfaltung der Sinne mit Anregungen zur Raumgestaltung, Phantasiereisen, Spielen und Materialhinweisen. Münster (Ökotopia) 2002.

Hess, Peter und Zurek, Petra Emily: Klangschalen. Mit allen Sinnen spielen und erleben. München (Kösel) 2008.

Klein, Margarita: Schmetterling und Katzenpfoten. Sanfte Massagen für Babys und Kinder. Münster (Ökotopia) 1999.

Lendner-Fischer, Sylvia: Bewegte Stille. Stressabbau und Entspannung mit Kindern. München (Kösel) 2004.

Müller, Else: Der Klang der Bilder. Phantasiereisen mit Klangschalen. Frankfurt am Main (Fischer) 2005.

Müller, Else: Duft der Orangen. Phantastische Reisen zu den fünf Sinnen. München (Kösel) 2006.

Portmann, Rosemarie: Die 50 besten Entspannungsspiele. München (Don Bosco) 2008.

Portmann, Rosemarie: Spiele zur Entspannung und Konzentration. München (Don Bosco) 2004.

Salbert, Ursula: Ganzheitliche Entspannungstechniken für Kinder. Bewegungs und Ruheübungen, Geschichten und Wahrnehmungsspiele aus dem Yoga, dem Autogenen Training und der Progressiven Muskelentspannung. Münster (Ökotopia) 2006.

Stöhr-Mäschl, Doris: Ruhe tut gut! Fantasiereisen, Bewegungs- und Entspannungsübungen für Kinder. Mülheim an der Ruhr (Verlag an der Ruhr) 2008.

Wilmes-Mielenhausen, Brigitte: Mach langsam, kleiner Bär! Zeit haben und entspannen mit Kindern. Freiburg im Breisgau (Herder) 2008.

Zimmer, Renate: Bewegung und Entspannung. Anregungen für die praktische Arbeit mit Kindern. Freiburg im Breisgau (Herder) 2008.

Musik

Buntrock, Martin: Traumreise. Spezielle Entspannungsmusik. MBM Records 2009.

Buntrock, Martin: Meer. Spezielle Entspannungsmusik. MBM Records 2009.

Buntrock, Martin und Greifenberg, Dieter: Ausruhen am Bach. Musik zum Entspannen, Träumen & Genießen. Music for Dreaming and Relaxing. MBM Records 2001.

Buntrock, Martin und Wendland, Arno: In A White Room. Musik zum Wohlfühlen und Entspannen. MBM Records 2008.

Evans, Gomer Edwin: Gute-Nacht-Musik. Harmonische Instrumentalmusik zum Träumen für Kinder. Neptun (Neptun Media) 1993.

Kiwit, Ralf: Streicheltöne – Wohlfühlmassagen. Vertonte Verse, Geschichten und Lieder zur Begleitung von Kindermassagen. Münster (Ökotopia) 2003.

Kiwit, Ralf: Traumstunden für Kinder. Erde – Feuer – Wasser – Luft. Musik zur Entspannung und Gestaltung von Traumstunden. Münster (Ökotopia) 2003.

Linsen, Stefan: Fantasiereisen für Kinder. Vol. 1. Phoenix Music Group 2004.

Schuier, Franz: Leichter lernen. Entspannungsmusik für Kids. München (Kösel) 2008.

Schuier, Franz: Musik zum Entspannen und Einschlafen. So finden Kinder zur Ruhe. München (Kösel) 2008.

Thors: Faszinierende Delphin- und Walgesänge mit traumhafter Meditationsmusik. Neptun (Neptun Media) 2005.

Wendland, Arno und Buntrock, Martin: Silence. Musik zur Ruhe. Music for Inner Harmony. MBM Records 2000.

Die Autorin

Andrea Erkert ist Erzieherin, Entspannungspädagogin und Fachlehrerin einer Grundschulförderklasse in der Nähe von Stuttgart und lebt in Backnang. Sie hat bereits zahlreiche spielpädagogische Bücher veröffentlicht und bietet seit mehreren Jahren praxisnahe Fortbildungen für ErzieherInnen und LehrerInnen u.a. zu den Themen Entspannung, Wahrnehmung und Bewegung direkt vor Ort an. Die TeilnehmerInnen können so das gewählte Thema unmittelbar in ihrer Einrichtung erleben. Zudem steht sie als Referentin für Elternabende zur Verfügung.

Im Ökotopia Verlag hat sie u.a. bereits folgende Bücher veröffentlicht:

~ **Das Stuhlkreisspiele-Buch.** Bewegte und ruhige Spielideen zu jeder Zeit und zwischendurch.
~ **Das Kreisspiele-Buch.** Temporeiche und ruhige Spielideen für alle Gelegenheiten.
~ **Das Zahlenspiele-Buch.** Spiele und Lieder rund um die ersten Zahlen, Formen, Größen, Gewichte, Mengen, Uhr- und Jahreszeiten.
~ **Inseln der Entspannung.** Kinder kommen zur Ruhe mit 77 fantasievollen Entspannungsspielen.
~ **Das Adventsspiele-Buch.** Die weihnachtliche Zeit spielerisch begleiten.
~ **Streiten, helfen, Freunde sein.** Spiele, Lieder und andere Angebote zur Förderung von Toleranz, emotionaler und sozialer Kompetenz in Kindergarten und Grundschule.

Anfragen für **ganz- und halbtägige Seminarveranstaltungen** sowie **Elternabende** sind unter folgender Adresse möglich:

Andrea Erkert
Seelacher Weg 79
71522 Backnang
Tel.: (0 71 91) 90 83 57 oder (01 60) 91 70 19 45
Fax: (0 71 91) 90 83 59
E-Mail: **andrea.erkert_florida-sun@t-online.de**

Die Illustratorin

Vanessa Paulzen, Jg. 1970, absolvierte an der Universität Essen den Studiengang »Kommunikationsdesign« mit Schwerpunkt Grafik/Illustration. Seither hat sie zahlreiche Bücher illustriert, im Ökotopia Verlag u.a. aus den Reihen »Kinder spielen Geschichte« und »Auf den Spuren fremder Kulturen«. Vanessa Paulzen lebt in Düsseldorf und ist neben ihrer Arbeit als Grafikerin auch als freie Künstlerin tätig.

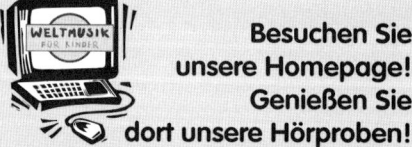

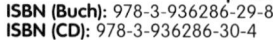